——— 乡村振兴特色优势产业培育工程丛书 ———

中国核桃产业发展蓝皮书

（2024）

中国乡村发展志愿服务促进会 组织编写

中国出版集团有限公司
研究出版社

图书在版编目 (CIP) 数据

中国核桃产业发展蓝皮书 . 2024 / 中国乡村发展志愿服务促进会组织编写 . — 北京：研究出版社，2025. 7. — ISBN 978-7-5199-1898-9

Ⅰ. F326.13

中国国家版本馆 CIP 数据核字第 20259ZA397 号

出 品 人：陈建军
出版统筹：丁　波
责任编辑：韩　笑

中国核桃产业发展蓝皮书（2024）
ZHONGGUO HETAO CHANYE FAZHAN LANPI SHU (2024)
中国乡村发展志愿服务促进会　组织编写
研究出版社 出版发行
（100006　北京市东城区灯市口大街 100 号华腾商务楼）
北京建宏印刷有限公司印刷　新华书店经销
2025 年 7 月第 1 版　2025 年 7 月第 1 次印刷
开本：710 毫米 ×1000 毫米　1/16　印张：12.75
字数：201 千字
ISBN 978-7-5199-1898-9　定价：48.00 元
电话（010）64217619　64217652（发行部）

版权所有·侵权必究
凡购买本社图书，如有印制质量问题，我社负责调换。

乡村振兴特色优势产业培育工程丛书
编委会

顾　　问：陈锡文　匡廷云　印遇龙　闵庆文
主　　任：刘永富
副 主 任：赵国君　欧宏新
成　　员：（按姓氏笔画排序）

王　强　王凤忠　毛永民　李　华　李洪杰

沈世华　陈永忠　陈永浩　罗晓林　姜成英

魏　霞

本书编写人员

主　　编：王　强
副 主 编：郭　芹　张毅新　张俊佩　齐建勋
编写人员：（按姓氏笔画排序）
　　　　　万雪琴　王丰俊　石爱民　田　洋　田益玲
　　　　　宁德鲁　刘　枫　辛　国　张跃进　陆　斌
　　　　　陈　新　陈永浩　段章群　高　盼　蒋新正

本书评审专家

（按姓氏笔画排序）

王瑞元　李金花　李俊雅　李聚桢　吴燕民
张忠涛　陈昭辉　赵世华　饶国栋　聂　莹
裴　东　谭　斌　薛雅琳

编写说明

习近平总书记十分关心乡村特色产业的发展，作出一系列重要指示。2022年10月，习近平总书记在党的二十大报告中指出："发展乡村特色产业，拓宽农民增收致富渠道。巩固拓展脱贫攻坚成果，增强脱贫地区和脱贫群众内生发展动力。"同月，习近平总书记在陕西考察时强调，产业振兴是乡村振兴的重中之重，要坚持精准发力，立足特色资源，关注市场需求，发展优势产业，促进一二三产业融合发展，更多更好惠及农村农民。2023年4月，习近平总书记在广东考察时要求，发展特色产业是实现乡村振兴的一条重要途径，要着力做好"土特产"文章，以产业振兴促进乡村全面振兴。2024年4月，习近平总书记在重庆主持召开的新时代推动西部大开发座谈会上强调，要坚持把发展特色优势产业作为主攻方向，因地制宜发展新兴产业，加快西部地区产业转型升级。

为贯彻落实习近平总书记的重要指示和党的二十大精神，紧密围绕"国之大者"，按照确保重要农产品供给和树立大食物观的要求，中国乡村发展志愿服务促进会认真总结脱贫攻坚期间产业扶贫经验，启动实施"乡村特色优势产业培育工程"，选择油茶、油橄榄、核桃、杂交构树、酿酒葡萄，青藏高原青稞、牦牛，新疆南疆核桃、红枣9个特色优势产业进行重点培育。这9个产业，都事关国计民生，经过多年的努力特别是脱贫攻坚期间的工作，具备了加快发展的基础和条件，不失时机地促进实现高质量发展，不仅是必要的，而且是可行的。中国乡村发展志愿服务促进会动员和聚合社会力量，促进发展木本油料，向山地要油料，加快补齐粮棉油中"油"的短板，是国之大者。促进发展核桃、杂交构树等，向植物要蛋白，加快补齐肉蛋奶中"奶"的短板，是国之大者。促进发展青藏高原青稞、牦牛和新疆南疆核桃、红枣，促进发展西北地区葡萄酒产业，是脱贫地区巩固拓展脱贫攻坚成果和实现乡村产业振兴的需要，也是实现农民特别是脱贫群众增收的重要措施。通过培育重点企业、强化科技支撑、扩大市场销售、对接金融资源、发布蓝皮书等工作，努力实现产业发展、农民增收、企业盈利、消费者受益的目标。

发布蓝皮书是培育工程的一项重要内容，也是一项新的工作。旨在普及产业知识，记录产业发展轨迹，反映产业状况，推广良种良法，介绍全产业链开发的经验做法，对产业发展进行预测、展望，营造产业发展的社会氛围，加快实现高质量发展。从2023年开始，我们连续编写出版了9个产业发展的蓝皮书，受到社会欢迎和好评。

2025年的编写工作中，编委会先后召开编写提纲讨论会、编写调度会、专家评审会等一系列重要会议。经过半年多的努力，丛书成功付梓面世。丛书的编写与出版，得到了各方的大力支持。在此，我们诚挚感谢所有参加蓝皮书编写的人员及支持单位，感谢评审专家，感谢出版社及各位编辑，感谢三峡集团公益基金会的支持。尽管已是第三年编写，但由于对9个特色产业发展的最新数据掌握不够全面，加之能力有限，书中难免存在疏漏谬误，欢迎广大读者批评指正。

下一步，我们将深入贯彻习近平总书记关于发展乡村特色产业的重要指示精神，密切跟踪9个特色产业的发展情况，加强编写工作统筹，进一步提升编写质量，力求把本丛书编写得更好，为乡村特色优势产业的发展贡献力量，助力乡村全面振兴。

丛书编委会

2025年5月

代 序

乡村振兴特色优势产业培育工程实施方案

中国乡村发展志愿服务促进会

2022年7月11日

民族要复兴,乡村必振兴。脱贫攻坚任务胜利完成以后,"三农"工作重心历史性转到全面推进乡村振兴。为贯彻落实习近平总书记关于粮食安全的重要指示精神,落实《国家乡村振兴局 民政部关于印发〈社会组织助力乡村振兴专项行动方案〉的通知》(国乡振发〔2022〕5号)要求,中国乡村发展志愿服务促进会(以下简称促进会)认真总结脱贫攻坚期间产业扶贫经验,选择油茶、油橄榄、核桃、酿酒葡萄、杂交构树,青藏高原青稞、牦牛,新疆南疆核桃、红枣9个特色优势产业进行重点培育,编制《乡村振兴特色优势产业培育工程实施方案》(以下简称《实施方案》)。

一、总体要求

（一）指导思想

以习近平新时代中国特色社会主义思想为指导,全面贯彻习近平总书记关于"三农"工作的重要论述,立足新发展阶段,贯彻新发展理念,构建新发展格局,落实高质量发展要求。按照乡村要振兴、产业必先行的理念,坚持"大食物观",立足不与粮争地,坚守18亿亩耕地红线,本着向山地要油料、向构树要蛋白的思路,加快补齐粮棉油中"油"的短板、肉蛋奶中"奶"的短板,持续推进乡村振兴特色优势产业培育工程。立足帮助优质农产品出村进城,不断丰富市民的"米袋子""菜篮子""果盘子""油瓶子",鼓起脱贫地区人民群众的"钱袋子"。立足推动农业高质高效、乡村宜居宜业、农民富裕富足,为全面推进乡村振兴、加快农业农村现代化提供有力支撑。

（二）基本原则

——坚持政策引导,龙头带动。以政策支持为前提,积极为产业发展和参与企业争取政策支持。尊重市场规律,发挥市场主体作用,择优扶持龙头企业做大做强,充分发挥龙头企业的示范带动作用。

——坚持突出重点,分类实施。突出深度脱贫地区,遴选基础条件好、带动能力强的企业,进行重点培育。按照"分产业、分区域、分重点"原则,积极推进全产业链发展。

——坚持科技支撑,金融助力。加强对特色优势产业发展的科研攻关、科技赋能作用,促进科研成果及时转化。对接金融政策,促进企业不断增强研发能力、生产能力、销售能力。

——坚持行业指导,社会参与。充分发挥行业协会指导、沟通、协调、监督作用,帮助企业加快发展,实施行业规范自律。充分调动社会各方广泛参与,"各炒一盘菜,共办一桌席",共同助力产业发展。

——坚持高质量发展,增收富民。坚持"绿水青山就是金山银山"理念,帮助企业转变生产方式,按照高质量发展要求,促进产业发展、企业增效、农民增收、生态增值。

（三）主要目标

对标对表国家"十四五"规划和2035年远景目标纲要,设定到2025年、2035年两个阶段目标。

——到2025年,布局特色优势产业培育工程,先行试点,以点带面,实现突破性进展,取得明显成效。完成9个特色优势产业种养适生区的划定,推广"良种良法"，建设一批生产基地。培育一批龙头企业、专业合作社和家庭农场等市场主体，建立重点帮扶企业库，发挥引领带动作用。聘请一批知名专家，建立专家库，做好科技支撑服务工作。培养一批生产、销售和管理人才，增强市场主体内生动力，促进形成联农带农富农的帮扶机制。

——到2035年，特色优势产业培育工程形成产业规模，实现高质量发展。品种和产品研发取得重大突破，拥有多个高产优质品种和市场占有率高的产品。种养规模与市场需求相适应，加工技术不断创新，产品质量明显提升，销售盈利能力不断拓展，品牌影响力明显增强。拥有一批品种和产品研发专家，一批产业发展领军人才和产业致富带头人，一批社会化服务专业人才。市场主体发展壮大，实现一批企业上市。联农带农富农帮扶机制更加稳固，为共同富裕添砖加瓦，作出积极贡献。

二、重点工作

围绕特色优势产业培育工程目标，以"培育重点企业、建立专家库、实施消费帮、搭建资金池、发布蓝皮书"为抓手，根据帮扶地区自然禀赋和产业基础条件，做好五项重点工作。

（一）培育重点企业

围绕中西部地区，特别是三区三州和乡村振兴重点帮扶县，按照全产业链发展的思路遴选一批产业基础好、发展潜力大、创新能力强的企业，建立重点帮扶企业库，作为重点进行培育。对有条件的龙头企业，按照上市公司要求和现代企业制度，从政策对接、金融支持、消费帮扶等方面进行重点培育，条件成熟的推荐上市。

（二）强化科技支撑

遴选一批品种研发、产品开发、技术推广、工艺研究等方面的专家，建立专家库，有针对性地对制约产业发展的"卡脖子"技术难题进行联合攻关。为企业量身研发、培育种子种苗，用"良种良法"助力企业扩大种养规模。加强产品研发攻关，提高产品品质和市场竞争力。充分发挥企业家在技术创新中的重要作用，鼓励企业加大研发投入，承接和转化科研单位研究成果，搞好技术设备更新改造，强化科技赋能作用。

（三）扩大市场销售

帮助企业进行帮扶产品认定认证，给帮扶地区产品提供"身份证"，引导销售。利用促进会"帮扶网""三馆一柜"等平台和载体，采取线上线下多种方式销售。通过专题研讨、案例推介等形式，开展活动营销。通过每年发布蓝皮书活动，帮助企业扩大影响，唱响品牌，进行品牌销售。

（四）对接金融资源

帮助企业对接国有金融机构、民营投资机构，引导多类资金对特色优势产业培育工程进行投资、贷款，支持发展。积极与有关产业资本合作，按照国家政策规定，推进设立特色优势产业发展基金，支持相关产业发展。利用国家有关上市绿色通道，帮扶企业上市融资。

（五）发布蓝皮书

组织专家编写分产业的特色优势产业发展蓝皮书。做好产业发展资料收集、整理、分析工作，加强国内外发展情况对比分析，在总结分析和深入研究的基础上，按照蓝皮书的基本要求组织编写，每年6月前对外发布上一年度产业发展蓝皮书。

三、保障措施

（一）组建项目组

促进会成立项目组，制定《实施方案》并组织实施。项目组动员组织专家、企业家和有关单位，分别成立9个项目工作组，制定产业发展实施方案并组织实施。做好产业发展年度总结，编写好分产业特色优势产业发展蓝皮书。

（二）争取政策支持

帮助重点龙头企业对接国家有关产业政策、产业发展项目。协调相关部门，加大帮扶工作力度，争取将脱贫地区重点龙头企业的产业发展规划纳入国家有关部门和有关地区的专项发展规划并给予支持。争取各类金融机构对重点帮扶龙头企业给予贷款、融资优惠，助力重点帮扶企业加快发展。

（三）坚持典型引领

选择一批资源禀赋好、发展潜力大、市场前景广的种养基地作为示范种养典型，选择一批加工能力精深、技术先进、效益良好的龙头企业作为产品加工示范典型，选择一批增收增效、联农带农富农机制好的市场主体作为联农带农富农典型。通过典型示范，引领特色优势产业培育工程加快发展。

（四）搞好社会动员

建立激励机制，让热心参与特色优势产业发展的单位和个人政治上有荣誉、事业上有发展、社会上受尊重、经济上有效益。加强宣传工作，充分运用电视、网络等多种媒体，加大舆论宣传推广力度，营造助力特色优势产业培育工程的良好社会氛围。招募志愿者，创造条件让志愿者积极参与特色优势产业培育工程。

（五）加强协调促进

充分利用促进会在脱贫攻坚阶段取得的产业发展经验和社会影响力，协调脱贫地区龙头企业对接产业政策，动员产业专家参与企业技术升级和产品研发，衔接金融资源帮助企业解决资金难题。发挥行业协会的积极作用，按照公开、透明、规范要求，帮助企业规范运行，自我约束，健康发展。

四、组织实施

（一）规范运行

在促进会的统一领导下，项目组和项目工作组根据职责分工，努力推进9个特色优势产业培育工程实施。项目组要根据产业特点组织制定专家库、重点帮扶企业库的建设与管理办法、产业发展培育项目管理办法，包括金融支持、消费帮扶、评估评价等办法，做好项目具体实施工作。

（二）宣传发动

以全媒体宣传为主，充分发挥新媒体优势，不断为特色优势产业培育工程实施营造良好的政策环境、舆论环境、市场环境，让企业家专心生产经营。宣传动员社会各方力量,为特色优势产业培育工程建言献策。

（三）评估评价

发动市场主体进行自我评价,通过第三方调查等办法进行社会评价。特色优势产业培育工程项目组组织有关专家、行业协会、企业代表,对9个特色优势产业发展情况、市场主体进行专项评价。在此基础上,进行评估评价,形成特色优势产业发展年度评价报告。

CONTENTS 目录

绪 论 / 001

第一章
核桃产业发展基本情况 / 003

第一节 核桃种植情况 …………………………………………… 004

一、核桃种植区域分布 ………………………………………… 004

二、核桃种植面积和产量 ……………………………………… 004

三、核桃品种与种植模式 ……………………………………… 008

四、核桃树体管理 ……………………………………………… 012

五、核桃园土肥水管理 ………………………………………… 012

六、核桃病虫害防控 …………………………………………… 014

七、核桃农艺农机融合情况 …………………………………… 016

八、核桃果实采收与坚果品质评价情况 ……………………… 019

第二节 核桃加工情况 …………………………………………… 021

一、核桃加工区域分布与规模 ………………………………… 021

I

二、核桃主要加工产品 ··· 024
　　三、核桃加工技术与设备 ·· 029
第三节　核桃从业人员情况 ·· 033
　　一、核桃种植业从业者 ·· 033
　　二、核桃加工业从业者 ·· 034
　　三、核桃三产从业者 ··· 035
第四节　核桃营销情况 ·· 036
　　一、核桃产品商品化发展现状与提升路径 ························ 036
　　二、核桃产品销售模式的传统形态与新型变革 ················· 038
　　三、核桃产业市场供需格局与消费区域特征 ···················· 039
　　四、核桃产业品牌建设 ·· 041
　　五、核桃进出口贸易情况 ··· 043
第五节　几点启示 ·· 045

第二章

核桃产业发展外部环境 / 047

第一节　政策环境 ·· 048
　　一、国家层面相关政策 ·· 048
　　二、各级政府层面相关政策 ·· 049
第二节　技术环境 ·· 050
　　一、品种创制技术 ··· 050
　　二、丰产栽培技术 ··· 051
　　三、绿色加工技术 ··· 051
第三节　市场需求 ·· 052
　　一、核桃种苗市场需求 ·· 052

二、核桃坚果市场需求 ………………………………… 053
　　三、核桃仁产品市场需求 ………………………………… 054
　　四、核桃油市场需求 ……………………………………… 054
　　五、核桃蛋白市场需求 …………………………………… 055
　　六、核桃副产物市场需求 ………………………………… 056
第四节　国内外同行业比较优势与劣势 ……………………… 057
　　一、核桃栽培技术方面 …………………………………… 059
　　二、核桃加工技术方面 …………………………………… 061
第五节　几点启示 ……………………………………………… 062

第三章

核桃产业发展重点区域 / 063

第一节　云南核桃产业发展情况 ……………………………… 064
　　一、产业总体情况 ………………………………………… 064
　　二、存在主要问题 ………………………………………… 065
　　三、提质增效区域措施 …………………………………… 065
第二节　新疆核桃产业发展情况 ……………………………… 068
　　一、生产总体情况 ………………………………………… 068
　　二、存在主要问题 ………………………………………… 070
　　三、提质增效措施 ………………………………………… 072
第三节　四川核桃产业发展情况 ……………………………… 073
　　一、产业总体情况 ………………………………………… 073
　　二、存在主要问题 ………………………………………… 074
　　三、提质增效区域措施 …………………………………… 075

第四节　陕西核桃产业发展情况 ··················· 076
一、产业总体情况 ································· 076
二、存在主要问题 ································· 077
三、提质增效区域措施 ····························· 078

第五节　重点县区核桃产业发展情况 ··················· 080
一、甘肃成县核桃产业发展情况 ····················· 080
二、山西汾阳市核桃产业发展情况 ··················· 083
三、河北涉县核桃产业发展情况 ····················· 085

第六节　几点启示 ································· 089

第四章
核桃产业发展重点企业 / 091

第一节　凤庆摩尔百瑞生物科技开发有限公司 ··········· 092
一、企业基本情况 ································· 092
二、企业典型经营模式 ····························· 093
三、企业核心技术装备及产品 ······················· 094

第二节　云南摩尔农庄生物科技开发有限公司 ··········· 095
一、企业基本情况 ································· 095
二、企业典型经营模式 ····························· 096
三、企业核心技术装备及产品 ······················· 097

第三节　喀什疆果果农业科技有限公司 ················· 099
一、企业基本情况 ································· 099
二、企业典型经营模式 ····························· 100
三、企业核心技术装备及产品 ······················· 101

第四节 四川凉山亿丰油脂有限公司 …………………… 102
一、企业基本情况 ………………………………………… 102
二、企业典型经营模式 …………………………………… 103
三、企业核心技术装备及产品 …………………………… 104

第五节 四川良源食品有限公司 ……………………………… 105
一、企业基本情况 ………………………………………… 105
二、企业典型经营模式 …………………………………… 105
三、企业核心技术装备及产品 …………………………… 106

第六节 几点启示 ……………………………………………… 107

第五章 核桃产业发展的代表性产品 / 109

第一节 核桃休闲食品 ………………………………………… 110
一、混合坚果仁 …………………………………………… 110
二、风味核桃仁 …………………………………………… 111
三、核桃仁创新产品 ……………………………………… 112

第二节 核桃油产品 …………………………………………… 113
一、特定人群核桃油 ……………………………………… 113
二、轻喷核桃油 …………………………………………… 114
三、粉末核桃油 …………………………………………… 115

第三节 核桃蛋白产品 ………………………………………… 116
一、核桃蛋白乳 …………………………………………… 116
二、核桃肽产品 …………………………………………… 117
三、核桃酸奶 ……………………………………………… 119

v

第四节　核桃副产物产品 ·································· 120

　　一、核桃壳产品 ····································· 120

　　二、核桃分心木产品 ································· 123

　　三、核桃青皮产品 ··································· 124

第五节　几点启示 ·· 125

第六章
核桃产业发展效益评价 / 127

第一节　核桃产业发展指数 ·································· 128

　　一、核桃产业样本企业 ······························· 128

　　二、核桃产业评价 ··································· 132

第二节　行业发展引领 ······································ 134

　　一、对核桃种植业发展的引领作用 ··················· 134

　　二、对核桃加工业发展的引领作用 ··················· 135

　　三、对核桃市场销售行业发展的引领作用 ············· 136

　　四、对核桃文旅行业发展的引领作用 ················· 137

第三节　区域经济发展 ······································ 138

　　一、对云南及其县域经济发展的重要作用 ············· 138

　　二、对新疆经济发展的重要作用 ····················· 139

　　三、对陕西各区县经济发展的重要作用 ··············· 140

第四节　农民就业增收 ······································ 142

　　一、促进云南农民就业增收 ························· 142

　　二、促进新疆维吾尔自治区农民就业增收 ············· 143

　　三、促进四川农民就业增收 ························· 144

第五节　促进科技进步 ······································ 145

  一、对科技团队建设的促进作用 ⋯⋯⋯⋯⋯⋯⋯⋯⋯⋯⋯⋯⋯⋯⋯ 145

  二、对科研项目立项的促进作用 ⋯⋯⋯⋯⋯⋯⋯⋯⋯⋯⋯⋯⋯⋯⋯ 146

  三、对科技成果产出促进作用 ⋯⋯⋯⋯⋯⋯⋯⋯⋯⋯⋯⋯⋯⋯⋯⋯ 147

 第六节 总体评价 ⋯⋯⋯⋯⋯⋯⋯⋯⋯⋯⋯⋯⋯⋯⋯⋯⋯⋯⋯⋯ 148

第七章 核桃产业发展趋势与对策 / 149

 第一节 发展趋势及存在问题 ⋯⋯⋯⋯⋯⋯⋯⋯⋯⋯⋯⋯⋯⋯⋯⋯ 150

  一、核桃品种与种植 ⋯⋯⋯⋯⋯⋯⋯⋯⋯⋯⋯⋯⋯⋯⋯⋯⋯⋯⋯ 150

  二、核桃加工与利用 ⋯⋯⋯⋯⋯⋯⋯⋯⋯⋯⋯⋯⋯⋯⋯⋯⋯⋯⋯ 152

  三、核桃销售和贸易 ⋯⋯⋯⋯⋯⋯⋯⋯⋯⋯⋯⋯⋯⋯⋯⋯⋯⋯⋯ 154

 第二节 主要对策及建议 ⋯⋯⋯⋯⋯⋯⋯⋯⋯⋯⋯⋯⋯⋯⋯⋯⋯⋯ 155

  一、加强顶层设计，优化发展思路 ⋯⋯⋯⋯⋯⋯⋯⋯⋯⋯⋯⋯⋯⋯ 155

  二、挖掘优势资源，科学选种育种 ⋯⋯⋯⋯⋯⋯⋯⋯⋯⋯⋯⋯⋯⋯ 156

  三、推进高效栽培，建立示范基地 ⋯⋯⋯⋯⋯⋯⋯⋯⋯⋯⋯⋯⋯⋯ 156

  四、规范采收烘干，提高核桃质量 ⋯⋯⋯⋯⋯⋯⋯⋯⋯⋯⋯⋯⋯⋯ 157

  五、加强精深加工，延长产业链条 ⋯⋯⋯⋯⋯⋯⋯⋯⋯⋯⋯⋯⋯⋯ 157

  六、培强龙头企业，促进效益提升 ⋯⋯⋯⋯⋯⋯⋯⋯⋯⋯⋯⋯⋯⋯ 158

  七、夯实技术基础，着力科技创新 ⋯⋯⋯⋯⋯⋯⋯⋯⋯⋯⋯⋯⋯⋯ 158

  八、加强宣传推介，开拓核桃市场 ⋯⋯⋯⋯⋯⋯⋯⋯⋯⋯⋯⋯⋯⋯ 158

附 录 2024年核桃产业发展大事记 ⋯⋯⋯⋯⋯⋯⋯⋯⋯⋯ 161

参考文献 ⋯⋯⋯⋯⋯⋯⋯⋯⋯⋯⋯⋯⋯⋯⋯⋯⋯⋯⋯⋯⋯⋯⋯⋯ 180

后 记 ⋯⋯⋯⋯⋯⋯⋯⋯⋯⋯⋯⋯⋯⋯⋯⋯⋯⋯⋯⋯⋯⋯⋯⋯⋯ 182

绪 论

核桃作为我国最具发展潜力的木本油料作物，承载着国家践行大食物观和"藏粮于林"战略的重要使命，自2010年中央一号文件首次明确将核桃列为重点发展木本油料以来，国家持续强化政策支持。2023年，中央农村工作会议进一步提出"构建多元化食物供给体系"，将核桃产业纳入保障国家粮油安全的战略性产业布局，凸显其在粮油安全战略中的核心地位。核桃含油量高达65%~70%，在2023/2024年度我国食用油自给率仅为34.2%的严峻形势下，核桃油年产能突破6.0万吨，对优化食用油供给结构、减少对外依存度具有不可替代的作用，成为保障国家油脂安全的重要支撑力量。

在政策扶持与市场需求的双重驱动下，我国核桃产业种植、加工、贸易全链条协同发展的格局正在逐渐形成，正在由注重发展速度向注重发展质量转变。2023年，全国核桃种植面积稳定在1.2亿亩，总产量达586.6万吨，综合产值突破1600亿元，产业链覆盖超5000万农村人口。在云南、新疆等主产区，核桃产业已成为乡村振兴的关键引擎，为当地农民贡献了超过40%的人均可支配收入，生动诠释了产业富民的发展理念。

2023年，我国核桃优良品种、品系超过300个，良种化率不断提高；核桃种植呈现向适生区、主产区集中的趋势，主要分布于云南、新疆等20多个省（区、市）；栽培管理技术不断革新，采收装备研发取得新突破；加工环节更是呈现"量质双升"的良好态势：与2020年相比，核桃油年产量增长120%，深加工转化率提升至6.0%，蛋白粉、多肽等高附加值产品研发不断取得新进展；核桃仁出口量占全球市场21%，跨境电商渠道占比突破15%，展现出强大的国际竞争力。

然而，核桃产业发展仍面临诸多挑战，单产水平参差不齐，区域间差异显著；机械化程度较低，整体机械化率不足30%；深加工利用率仅为发达国家的1/3，营养健康产品品类单一，难以满足多元化市场需求；品牌建设相对滞后，品牌化程度较低，线上销售占比不足20%，制约了产业附加值提升。针对这些问题，本蓝皮书提出"四维突破"发展路径——通过强化品种选育与标准化种植，提升单产水平；加快绿色制备技术及智能装备研发应用，提高生产效率；拓展功能型食品矩阵，丰富产品种类；构建"区域公共品牌+电商新零售"双轮驱动模式，提升品牌影响力和市场销售能力。

本书由中国乡村发展志愿服务促进会牵头，联合农业农村部、地方政府、科研院所及龙头企业等多方力量共同编撰。在研究方法上采用"三线并进"范式：数据维度，整合了10个省（区、市）、30家企业的实地调研数据，并结合《中国林业统计年鉴》等权威资料，确保数据真实可靠；案例维度，深度剖析了云南"核桃+文旅"三产融合、新疆"西域果园"品牌溢价等6个典型发展区域模式和5个典型企业案例，提炼成功经验；方法创新维度，新增产业发展指数体系，全面评估产业综合效益。

全书采用"总—分—总"结构，共分为七章。第一章系统构建产业全景图谱，展现产业整体发展面貌；第二章深入分析政策与技术的双重驱动作用；第三章至第五章分别解构区域发展模式、剖析龙头企业经营策略，并展示核桃油、蛋白粉等深加工产品创新案例；第六章运用科学方法量化评估产业经济、生态与社会效益；第七章针对不同区域提出差异化发展对策。附录部分特别收录2024年产业大事记，为政策制定者、企业经营者和研究人员提供动态参考，助力我国核桃产业实现高质量、可持续发展。

第一章

核桃产业发展基本情况

第一节 核桃种植情况

一、核桃种植区域分布

核桃科植物在我国共有7属27种，其中核桃属、山核桃属及喙核桃属部分种的坚果因食用价值极高而被广泛栽培利用。在核桃属中，核桃和泡核桃是我国分布与栽培面积最广、栽培历史悠久的两个主要栽培种，本蓝皮书所介绍的核桃产业以核桃属中的食用核桃为主。我国核桃分布广泛，除海南等少数省（区、市）外，20余个省（区、市）均有栽培。综合行政区域完整性和栽培规模等原则，可将中国核桃分为东部近（沿）海、黄土高原、新疆、华中、华南、西南和西藏6个分布区，各区又可细分为不同的亚区（见表1–1）。

表1–1 我国核桃分布区及亚区

分布区	亚区
东部（近）沿海分布区	①冀、京、辽、津亚区 ②豫、皖北、苏北亚区
黄土高原分布区	①晋、陕、甘、青、宁亚区 ②陕南、甘南亚区
新疆分布区	①南疆分布区 ②北疆分布区
华中、华南分布区	①鄂、湘亚区 ②桂中、桂西亚区
西南分布区	①滇、黔、川西亚区 ②四川亚区
西藏分布区	①藏南亚区 ②藏东亚区

二、核桃种植面积和产量

（一）核桃种植面积

我国核桃分布极为广泛，在20多个省（区、市）和新疆生产建设兵团均有种植。2023年，全国核桃种植面积稳定在1.2亿亩左右，《中国林业和草原统计年鉴》数据显示，全国核桃种植面积最大的省（区、市）为云南，其次为四川、陕西、山西和新疆，五省区核桃种植面积约占全国总种植面积的78%，其中云南核桃种植面积约占全国总种植面积的40%。

（二）核桃产量

根据近十来年《中国林业和草原统计年鉴》的数据，我国核桃产量（见图1-1）从2010年的128.45万吨持续增长至2017年的417.14万吨，2010—2015年产量平均增幅较大（增幅21.12%），但后期产量增速明显减缓。2018年，受早春霜冻和降雪灾害影响，产量下滑至382.07万吨。2019年，核桃产量在2018年基础上迅猛增长（增幅22.73%）至468.92万吨。2020年，核桃产量略有增加。2021年，核桃产量达540.35万吨。2022年，核桃产量再创新高，增至593.46万吨。2023年，核桃产量略有回落，为586.60万吨。核桃种植面积从2010年0.36亿亩快速发展到2018年1.22亿亩后，逐渐稳定在1.2亿亩左右。核桃产量随盛果期早晚、品种特性、种植面积、气候变化和栽培技术等存在一定的起伏。

图1-1 我国2010—2023年的核桃年产量

2010—2023年，全国核桃各产区产量如图1-2所示。西南、新疆、黄土高原、东部近（沿）海4个分布区一直是我国核桃传统主产区，核桃产量分别约占全国份额的40%、20%、16%和16%，仅云南和新疆两省区的核桃总产量就占全国份额的50%以上。西南、新疆分布区份额近年来仍在逐步提高，2023年分别达到47.78%和19.95%，而东部近（沿）海分布区的份额一直在下降，由2011年的24.69%降至目前的10.58%，华中、华南分布区由2010年的7.68%降至目前的1.44%，产业明显萎缩，西北黄土高原分布区的份额存在一定程度波动（较为稳定在16.54%）。2023年，核桃产量超过10万吨的省区有滇、新、川、甘、陕、晋、冀、豫、鲁，基本形成较为稳定的分布格局和产业规模。

图1-2 我国2010—2023年各产区的核桃年产量

《中国林业和草原统计年鉴（2023）》数据显示，2023年我国各省（区、市）的核桃产量分布（见表1-2）：云南产量198.75万吨，占比33.88%，增长率3.87%；新疆产量117.03万吨，占比19.95%，减产率8.01%，产量略有降低；四川产量69.77万吨，占比11.89%，增长率2.56%。三省区核桃产量合计占全国总产量的一半以上，合计占比65.72%。排名前十位的主产省（区、市）产量增幅最大的是甘肃省，增产率27.15%，产量减幅最大的是山西省，减产率19.51%。预计2024年云南、新疆和四川所占比重将继续提升，全国核桃产量将突破600万吨。

表1-2　2021—2023年我国重点省（区、市）核桃产量情况表

省（区、市）	2021产量（吨）	2022产量（吨）	2023产量（吨）	产量比例（%）	增长率（%）
云南	1598648	1913316	1987456	33.88	3.87
新疆	1196908	1272180	1170318	19.95	-8.01
四川	888524	680284	697692	11.89	2.56
甘肃	128622	350888	446150	7.61	27.15
陕西	367790	475503	414855	7.07	-12.75
山西	396568	372193	299564	5.11	-19.51
河北	182216	208963	213594	3.64	2.22
河南	175402	237429	199153	3.40	-16.12
山东	130729	111735	111408	1.90	-0.29
贵州	94718	90426	78474	1.34	-13.22
湖北	100352	62896	69091	1.18	9.85
辽宁	10194	51390	61295	1.04	19.27
重庆	30902	27035	38997	0.66	44.25
安徽	25959	31676	27204	0.46	-14.12
吉林	15671	12795	16700	0.28	30.52
广西	4769	4210	8381	0.14	99.07
北京	9709	9861	7863	0.12	-20.26
湖南	7489	7292	7099	0.12	-2.65
青海	1223	3187	3258	0.06	2.23
宁夏	1931	4029	2804	0.05	-30.40
西藏	2768	4849	2770	0.05	-42.87
黑龙江	537	1506	1132	0.02	-24.83
浙江	26254	598	595	0.01	-0.50
江苏	881	115	113	0.00	-1.74
天津	4664	267	5	0.00	-98.13
江西	72	8	3	0.00	-62.50
内蒙古	--	5	1	0.00	-80.00
合计	5403500	5934635	5865974	100	-1.16

资料来源：2021—2023年《中国林业和草原统计年鉴》。

三、核桃品种与种植模式

我国在核桃产业快速发展阶段，由于良种较少、良种苗木准备不足，导致许多实生苗和品种混杂苗大量流入市场。虽然这些实生园或品种混杂的核桃园在后来进行了良种改接，但品种混杂、实生单株多的核桃园仍大量存在。目前，各主产省（区、市）的区域品种及相应种植模式如下。

（一）云南

云南区域化选配品种涉及10余个，分别为：①'漾濞泡核桃'。'漾濞泡核桃'是云南第一大主栽品种，栽培面积约2500万亩，主要栽培于漾濞、永平、云龙、昌宁、凤庆、楚雄、隆阳、景东、南华、巍山、洱源、大理、南涧、腾冲、新平、峨山、易门、镇沅、云县、临翔、双江、永德、泸水、兰坪、维西等县（市、区）。②'三台核桃'。'三台核桃'栽培面积500万亩，仅次于'漾濞泡核桃'，是云南第二大主栽品种，主要栽培于大姚、宾川、祥云、新平、双柏、武定、禄劝、楚雄、南华、富源等县（市、区）。③'昌宁细香核桃'。主要栽培于昌宁、龙陵、隆阳、施甸、腾冲、芒市、陇川等县（市、区）。④'华宁大砂壳核桃'。主要栽培于云南华宁、江川、通海、红塔、澄江等县（市、区）。⑤'娘青核桃'。主要栽培于漾濞、云龙、剑川、洱源、维西等县（市、区）。⑥'龙佳'。主要栽培于云龙、漾濞、盘龙、砚山、富民、会泽、大姚等县（市、区）。⑦'胜勇1号'核桃优良无性系。主要栽培在永胜、会泽、寻甸、禄劝、砚山等县。⑧'紫桂'。主要栽培于大姚、永胜、宾川、祥云、姚安等县。⑨'维2号'。主要栽培于维西、剑川、会泽、富源等县及周边相邻的地区。⑩'宁香'。主要栽培于昌宁、盘龙、砚山、富民、会泽、大姚等县（市、区）。

云南核桃种植模式主要分为房前屋后种植、生态林型。云南气候类型和立地条件多样，优良品种的种植宜选合适的栽培地区及立地条件。'漾濞泡核桃''三台核桃''昌宁细香核桃''胜勇1号''维2号'等适合间作。

表1-3 云南核桃主产区主要核桃品种分布地区与面积（估算）

序号	品种	面积（万亩）	分布地区
1	漾濞大泡核桃	2000~3000	主要分布在大理、保山、临沧、楚雄、普洱、玉溪、迪庆、怒江等地
2	三台核桃	约500	主要分布在楚雄、大理、玉溪、曲靖、昆明等地
3	昌宁细香核桃	约500	主要分布在保山、德宏等地
4	华宁大砂壳核桃	约200	主要分布在玉溪
5	娘青核桃	约150	主要分布在大理、迪庆
6	龙佳	1~2	主要分布在大理州、昆明、曲靖、楚雄等地
7	胜勇1号	1~2	主要分布在丽江、昆明、曲靖、文山等地
8	紫桂	1~2	主要分布在楚雄、大理、丽江等地
9	维2号	1~2	主要分布在大理、迪庆、曲靖等地
10	宁香	1~2	主要分布在保山、曲靖、楚雄、文山、昆明等地

（二）新疆

目前，新疆核桃品种有'温185''新新2''扎343''新早丰''温179''新萃丰''温81'等，主栽品种为'温185''新新2''新早丰''扎343'等。种植模式主要分为两种：间作模式和园式种植模式。间作模式主要是核桃与粮食间作，其特点是核桃行距8米以上，株距4~6米，每亩15~20株，有利于长期间作。选用树势强、树冠较大的'新早丰'和'扎343'品种，这两个品种具有"长势旺，树冠开张，树冠高大，适应性强，丰产性中上"等特点，盛果期每亩生产核桃150~240千克。园式种植也称园式栽培，即以经营核桃为主要目标，前期可间作矮秆农作物。园式栽培多限于国营林农场、公司企业及科技示范园的经营范围。其特点是单位面积株数多，株行距（3~5）米×（4~6）米（每亩22~55株），经营管理水平要求高。选用小冠丰产型的'温185'和'新新2'品种，这两个品种具有"树冠紧凑，树体较矮小，丰产性强尤其早期丰产，对肥水及生产管理技术要求高"等特点，盛果期每亩可生产核桃250~300千克。

表1-4 2023年新疆核桃主产区主要核桃品种分布地区与面积

序号	品种	分布地区与面积（万亩）		
		阿克苏	喀什	和田
1	温185	157.22	60.06	5.63
2	新新2	67.01	19.51	3.18
3	扎343	21.13	39.17	61.21
4	新丰	—	45.56	64.90
5	其他	20.12	15.02	18.86

（三）四川

四川核桃的品种化已逐渐过渡到以省内选育的本地核桃为主。在众多的本地核桃品种中，'盐源早'是最突出、对四川核桃产业发展贡献最大的品种。该品种是从四川省凉山州盐源县实生核桃中选育的天然杂交早实核桃品种，具有丰产、抗性强、成熟早、品质好等优点，是四川栽培面积和产量都最大的核桃品种，占到全省新植良种核桃80%以上。'硕星'核桃是川北核桃产区，尤其是广元市的主栽品种。'夏早''青川1号''旺核2号'等核桃良种，作为优质推介品种在全省推广使用。四川良种核桃以园式栽培为主，也有四旁栽植和生态林型等种植模式。

（四）陕西

陕西作为核桃的优质适生区域和传统栽培地区，目前主栽的核桃品种较多。商洛市主栽品种有'香玲''辽核1号'等，近几年特色核桃品种'红仁核桃'发展较好，目前栽培规模达7万亩左右。安康市主栽有'香玲''辽核1号''辽核4号''中林'系列、'清香'等品种，低海拔地区'香玲''辽核'系列品种丰产性强，高海拔地区'清香'优势稍明显，具有晚熟、味香的特点。铜川市以'香玲''清香''辽核1号'等品种为主。延安市作为核桃传统栽培区，主栽品种有'香玲''辽核4号''辽核1号''维纳''强特勒'等。宝鸡市主栽品种有'香玲''辽核1号''辽核4号'，鲜食品种以'西林3号''清香'等为主。渭南市自然条件优越，以平地栽培为主，立地条件较好，主栽品种有'香玲''辽核

4号''西扶2号'等。咸阳市主栽品种有'香玲''辽核2号''鲁光'等。西安市主栽品种有'香玲''辽核1号''辽核4号''清香''西扶1号'等,表现均比较稳定,大、小年不明显,品质优良;近几年,西安鲜食核桃受市场欢迎,销售火爆,带动了一些鲜食品质优良的品种(如'礼品1号'等)较快发展。汉中市主栽品种有'香玲''辽核'系列、'中林'系列、'清香'等。榆林市主栽品种有'香玲''辽核1号''西扶1号''礼品1号'等。陕西核桃以园式栽培为主,也有四旁栽植和生态散生等种植模式。

(五)山西等其他主产省

山西核桃主要栽培品种有20多个,包括'辽宁1号''辽宁6号''中林1号''中林3号''香玲''鲁光''薄壳香''薄丰''扎343''丰辉'等,晚实型主要有'晋龙1号''晋龙2号''清香'等。

甘肃主栽品种较多,包括'清香''香玲''元林''辽宁1号''晋龙1号''晋龙2号''元丰''强特勒'等外来品种,推广的本地核桃品种有'陇薄香1号''陇薄香2号''陇薄香3号''陇南15'和'陇南755'等。

河北核桃主栽品种中,'辽宁1号'栽种面积占50%以上,以'香玲'和'绿岭'为主的栽种面积约占25%,以'清香'为主的栽种面积占10%以上。其他品种中,本地审定的良种'魁香''元宝''硕宝''西岭''赞美'等的栽种面积占总面积的5%。

山东有较大推广面积的品种有'元林''香玲''鲁光''元丰''礼品1号''礼品2号''丰辉''青林''寒丰''辽核1号'等。

这些核桃产区的新建核桃园以纯园栽培为主,也有林农间作、散生生态林型种植模式。在纯园栽培中,株行距大多为(3~6)米×(4~8)米,在管理较好的良种核桃园,基本能实现优质丰产和较好的收益。也有许多密植园,管理不到位,尤其在整形修剪方面不到位,树形紊乱、果园郁闭等现象普遍存在,导致核桃产量低、品质参差不齐、效益低。

四、核桃树体管理

（一）整形修剪

目前，大多散生轻管核桃树以自然圆头形为主，树体衰弱时会进行适度的更新修剪。对于大多新植核桃园，根据不同的立地条件、栽培密度、品种特性及管理要求选择适宜的树形，如"疏散分层形""高位开心形""纺锤形""主干形"等。矮化密植园多采用"开心形""纺锤形""主干形"等树形；稀植园和林农间作园多采用"疏散分层形""高位开心形"等树形。为便于机械化管理、创造果园良好的通风透光条件，需构建科学、简单的树体结构，根据树形要求来培养主干和主枝，在主枝（或主干）上直接培养结果枝组，以弱化或取消侧枝，使树体结构简化，并采取密株宽行的种植方式，及时回缩超过树高和冠幅的延长枝，使行间保持1.0~1.5米的间距。

（二）花果管理

核桃花果管理一般包括疏雄花、疏果和人工辅助授粉等。由于疏雄用工量大，目前在生产中很少应用。为保证坚果高质量生产，对于坐果率高的核桃品种，在幼果期可结合修剪疏除过多幼果，一般以每平方米树冠投影面积留40~60个果或以叶果比2∶1~3∶1为宜。大多核桃园栽植时授粉树配置较为合理，一般不需要进行人工辅助授粉。随着核桃采收机械化的日益普及，为提高机械采收效率，可在采前喷施乙烯利，使采收时果实更易脱落。

五、核桃园土肥水管理

（一）土壤管理

核桃对土壤适应性强，在丘陵、山地、平原均可生长，但以土层1米以上、土质疏松、排水良好的沙壤土和壤土为宜。其适宜在pH6.5~7.5的中性或微碱性土壤生长，漾濞核桃则偏好pH5.5~7.0的中性或微酸性土壤，且土壤含盐量需控制在0.25%以下，否则将影响生长和产量。

在核桃园土壤管理方面，传统以清耕为主，为降低人工成本，除草剂使用普遍。不过，随着技术推广和理念革新，园内生草模式逐渐兴起，通过行间自然生草或种植黑麦草、白三叶等，既优化了果园生态，又为土壤补充了优质有机质。同时，每2~3年深翻土壤一次，通常将有机肥与枝叶废弃物轮换翻耕，并翻耕在过程中添加含土壤益生菌的改良剂或生物有机肥，持续提升土壤肥力。

（二）施肥

核桃施肥以秋施基肥为基础，优先选用堆肥、厩肥、生物菌肥等有机肥，每亩施用量1~2吨，搭配速效化肥可显著提升肥效。此外，结合喷药进行叶面喷肥，或借助肥水一体化设施施用氨基酸等液体肥，可进一步满足树体营养需求。不同树龄与品种的核桃树，需肥特性差异明显。幼树阶段对氮肥需求较高，磷、钾需求较少；进入结果期后，磷、钾肥需求显著增加。以晚实核桃为例，结果前1~5年，每平方米冠幅面积年施氮肥50克，磷、钾各10克；6~10年结果期，氮肥用量保持不变，磷、钾肥增至20克，并加施5千克有机肥。早实核桃因二年生即结果，为保障树体与产量协同增长，施肥量需高于晚实品种。优质丰产园可参考氮、磷、钾为2:1:1的配比，着重提高磷、钾肥用量。

追肥宜在萌芽期、果实膨大期和硬核期进行，以尿素、复合肥等速效肥为主。萌芽期施全年50%的速效氮肥；果实膨大期以氮肥为主，配施磷、钾肥，占全年追肥量的30%；硬核期侧重钾肥，占比20%。干旱地区多采用穴施，条件允许的果园可撒施后旋耕。然而，受人工成本攀升、核桃价格低迷等情况影响，当前核桃园施用有机肥的比例持续下降，多选择结合浇水施用少量化肥，甚至不施肥，此类现象值得关注与改进。

（三）水分管理

在我国，年降水量600~800毫米基本可满足核桃生长需求。南方及长江流域的陕南、陇南地区，年降水量达800~1000毫米，种植核桃通常无须额外灌水；而北方地区年降水量约500毫米且分布不均，春夏干旱频发，需通过人工灌溉补充水分。核桃灌溉以田间最大持水量的60%，或土壤绝对含水量（沙壤土8%、壤土12%）为指标。依据土壤墒情、降水状况及核桃生长特性，在萌芽前、果实迅速膨大期、果实采收后至土壤结冻前等关键阶段，结合施肥开展灌溉工作。灌溉方式因园而异，传统多采用漫灌；管理水平较高的核桃园可借助肥水一体化技术，采用滴灌、渗灌等节水模式；轻度干旱或水源不足的果园，通过交替灌溉实现节水目标。在无灌溉条件的山区或水源匮乏区域，可利用鱼鳞坑、小坎壕、蓄水池等水土保持工程收集雨水，或施用高分子吸水剂增强土壤的蓄水能力；同时，通过行内覆草或铺设园艺地布，减少土壤水分蒸发，达到节水保墒的效果。

六、核桃病虫害防控

我国核桃病虫害种类较多，已知核桃病害有30多种，如细菌性黑斑病、炭疽病、白粉病、根腐病等，会对核桃叶片、果实、枝干、根部等不同部位产生危害；造成虫害的主要有核桃举肢蛾、云斑天牛、山楂红蜘蛛等。新病虫害和入侵病虫害时有报道，如病菌引起的溃疡病（2015），成团泛菌 *Pantoea agglomerans* 和 *P. vagans* 引起的核桃果顶黑斑病（2019），*Boeremia exigua* 引起的核桃枝枯病（2016），*Nothophoma juglandis* 引起的核桃心腐病（2023），*Pseudomonas oryzihabitans* 引起的核桃叶斑病（2023）等，截至目前，核桃上分离出的病原菌达20属40种。近年来，核桃焦叶症在新疆主产区大面积发生，在土壤条件不好又缺乏灌溉的果园中，发病率高，给核桃生产带来较大影响。美国白蛾（*Hyphantria cunea*）、毛小蠹虫（*Dryocoetes himalayensis*）、苹果蠹蛾（*Cydia pomonella*）、橘小实蝇（*Bactrocera dorsalis* Hendel）等引起的虫害在我国多地也有发生。

霜冻、干旱少雨、高温等特殊气象条件易造成落果落叶，使病虫害加剧。如在秦巴山区的"倒春寒"，核桃受害株率可达40%，少数地区高达70%，并引发核桃溃疡病、腐烂病、毛小蠹虫害等的次生危害；南疆的干旱和高温易导致核桃叶枯病、焦叶病及红蜘蛛等发生。这些自然灾害加剧了核桃大小年的出现，严重影响核桃品质。

（一）叶片和果实病虫害

危害核桃叶片、果实的病虫害最多，其中危害较重的病害主要有细菌性黑斑病、炭疽病、枯叶病等，引发虫害的有核桃举肢蛾、核桃长足象、桃蛀螟、核桃扁叶甲、刺蛾、木橑尺蠖、核桃黑斑蚜、山楂红蜘蛛、苹果蠹蛾、橘小实蝇等。核桃细菌性黑斑病、核桃炭疽病是生产中导致核桃落果和"核桃黑"发生的主要原因，不同核桃品种对该病的抗性差异较大。采用稀植模式，适度加大株行距，改善果园的通风透光条件，有利于减少病害发生。发病期喷施中生菌素、石硫合剂、过氧乙酸等杀菌剂可起到防控作用。

核桃虫害可通过害虫的趋光、趋性激素、下树越冬等特性进行诱杀，结合药剂喷施防治可收到较好的效果。以核桃举肢蛾的防控为例，除发生期喷施杀虫剂外，核桃举肢蛾的防治还可通过人工清理受害果实、性引诱剂和病原微生物等进行防控。

（二）核桃枝干病虫害

主要枝干病害有核桃溃疡病、核桃膏药病、核桃枝枯病等，引发虫害的主要有云斑天牛、核桃小吉丁虫、桑盾蚧等。核桃膏药病主要发生在我国南方湿度较大的核桃园，北方果园少见，受害株率可达60%，严重时可达到90%，40%松脂酸钠药剂对核桃膏药病具有较好的防治效果。溃疡病对南方地区山核桃危害严重，核桃属中的部分品种抗性较强，但大多数核桃品种易感该病。云斑天牛主要危害老树和衰弱树，由于其寄主谱广，核桃园发生云斑天牛后很难控制；星天牛、桑天牛主要出现在我国南方果园。核桃横沟象可危害根和干茎，是秦巴山区等低海拔地区核桃树死亡的重要原因。枝干病虫害的防治需要做好预测预报、充分利用天敌生物、控制越冬场所和使用抗性品种，灾害发生后需对病斑进行刮除和涂抹药剂、对蛀孔进行填堵熏杀和锤击杀卵。

（三）核桃根部病虫害

核桃根部病虫害包括根白绢病、根腐病、核桃横沟象、蛴螬等。核桃横沟象多产卵于根部的裂缝和嫩根表皮层中，使被害核桃树根皮被环剥，造成树势衰弱，更甚者整株死亡。核桃横沟象虫害在秦巴山区主要发生在低海拔、农林间作的果园。金龟类害虫第一代幼虫集中在7—9月取食核桃根部，之后向土壤中转移越冬。对根部病虫害可采用土壤消毒、诱杀等技术防治，但因不易发现，防控相对比较困难。

七、核桃农艺农机融合情况

随着人工成本不断提高，加之人口老龄化的发展趋势，农业生产正从劳动密集型向机械化、智能化转变，核桃生产中的农艺农机融合取得了一定进展。

（一）果园通用农机设备

核桃树体高大，树形结构较复杂，要实现核桃的机械化生产，种植模式必须由传统的稀植大冠向适度的宽行、矮化密植转变。单株树形以"纺锤形""主干形"等为主，将整行作为一个整体进行管理。随着轻简化栽培技术的应用，规范的种植更有利于农机的通行和操作。从核桃园的初期建设到核桃采收，果园通用农机的应用大大提高了各环节的工作效率。

在建园整地过程中，需要用到的农机包括大中型拖拉机配套铧式犁、挖掘机、旋耕机；在定植时要用到挖穴机（或挖掘机）；在果园管理过程中，机械化率不断提高，机动（或电动）喷雾机日益普及，且不断有智能化程度更高的喷雾设备面世；割灌机、旋耕机等除草机械也日益普及，且多为小型机械；施肥机械有了长足发展，但在生产中应用较少；修剪机械虽有研发，但在生产中应用还很少。

（二）核桃栽培管理专用农机

相对而言，核桃专用机械的研发、应用不足，尤其在核桃的整形修剪和采收方面。受核桃栽培方式、经营方式、研发投入等多种因素的限制，我国核桃的机械化修剪尚处于试验、研发及起始应用阶段。在机械辅助修剪上，有电动修枝剪（锯）的使用和多功能作业平台的实验性应用。在修剪设备上，已有相对较好的研发和应用，如新疆农业科学院农业机械化研究所研制的JP-55型高效液压圆盘修剪机（见图1-3），但自动化、

图1-3　JP-55型高效液压圆盘修剪机作业场景

智能化程度高且适用性强的成套修剪设备仍待研发。

在核桃产业链上，采收是核桃园生产的关键环节，也是目前农业机械化最薄弱的环节之一。核桃采收作业季节性和劳动密集性较强，核桃收获所用的劳动力占核桃园生产过程的35%以上。采收机械设备研发和应用进展实例如下。

1. 振动式核桃采收机

该采收机操作简便，在我国南疆的核桃种植园应用较为普遍，在山西等地的核桃园也有一些应用，可以大幅提高采收效率。该设备将振动式采收机固定在拖拉机后部，通过绳索套挂在树主干上，再通过动力传输将圆周运动转化为往复运动，可以快速振动树干使核桃脱落。如图1-4所示。

图1-4 振动式核桃采收机

2. 核桃背负式振动采收装备

该装备由新疆农业科学院农业机械化研究所研制，设备可用于核桃机械化摇振采收，适用于树体直径为300毫米以下，栽培模式为6米×8米及以上株行距的核桃园。采用拖拉机悬挂式结构，外形尺寸（长×宽×高）3700毫米×1000毫米×2130毫米，配套动力大于48.3千瓦，夹持点振幅≤2厘米，夹钳振动频率8~12赫兹，生产率60~70株/小时，落果率90%~95%。如图1-5所示。

图1-5 核桃背负式振动采收装备

3. 便携式干果采收机

该设备采用多段碳纤维杆对接组合式结构，由背负式锂电池对手柄箱内的特种电机供电，通过传动轴多级传递动力，驱动采收杆顶部的采收装置带动相应树枝做往复摇动，在振动加速度的作用下，实现果、枝分离。作业时，用采收头上"U"形钩挂住树枝，一次可完成对整个树枝的采收，大幅提高了采收效率。可通过改变传动杆的安装数量，实现对不同高度树枝的采收。该采收机广泛适用于丘陵、山地核桃等干果的高效采收，续航时间长，满电可持续作业6～8小时，作业效率等同于5～10人的采收作业。该设备由中国农业机械化科学研究院研发，目前在四川广元朝天区的核桃产区得到应用推广。如图1-6所示。

图1-6 便携式干果采收机

4. 手推式落地核桃捡拾机

该设备由新疆农业科学院农业机械化研究所研制，主要用于将振落到地面上的青核桃和光果核桃捡拾到收集筐中，实现高效低损捡拾、收集，解决了核桃收获环节缺乏机具、劳动力严重不足、捡拾成本高的突出问题，有效提高了捡拾机具的生产效率（≥400千克/小时）和可靠性。该机作业幅宽500毫米，破损率≤0.2%，在南疆地区地势较平坦的核桃园应用较多，广受到核桃种植者好评。如图1-7所示。

图1-7 手推式落地核桃捡拾机

八、核桃果实采收与坚果品质评价情况

（一）核桃采收方式

核桃主要的采收方式有自然落果、人工采摘、机械式采收等，人工与机械相结合的方式只在部分地区被采用。核桃采收方式与种植模式有关，不同的种植模式适宜的采收方式不同，匹配的采收设备也不相同。如在山区和丘陵坡地，类似阶梯式的种植条件下，可采用事先安装好的网兜，使果实滚落到山脚的收集桶中，省去了上山捡拾的步骤，节省了人工成本。在面积较大的核桃种植园中，人员老龄化严重，人工采收常会出现人员不足、人工成本增加的情况，因此机械采收势在必行。科研机构和企业针对特定种植模式开发相应设备，以与现有种植模式相匹配，如在株行距较窄的核桃园中，便携式采收机、小型振动式采收机比较适用，容易得到较好推广。

（二）影响核桃坚果商品价值因素

采收是影响核桃坚果商品品质的主要环节之一，按照品种进行分类采收有利于核桃品质的统一。但在我国很多地区的核桃园，尤其在山坡丘陵地带，按照品种采收存在一定难度，即使在平地核桃园，由于种植者对品种认识不清，混采混收现象依然很严重，极大地影响了核桃坚果的商品价值。另外，采收期的选择对坚果品质也有较大影响，核桃的成熟度与核桃品质及后期贮藏密切相关。以'温185'核桃为例，早采收（8月22日）与晚采收10天（9月1日）相比，二者在青皮贮藏期间果实品质变化趋势差别较大,前者在贮藏期间腐烂严重、含水量高,而后者在贮藏期间核桃裂果较严重,贮藏效果不好。提高核桃采收及后期加工贮藏等技术水平,注重核桃产后坚果分级及质量等级的标准化,是提升核桃商品价值的重要手段。

(三)核桃坚果品质评价方法及其加工适宜性评价

核桃坚果品质关系到核桃的商品价值。目前,核桃坚果品质评价相关的行业标准是《核桃标准综合体》(LY/T 3004—2018)第八部分:核桃坚果质量等级及检测,该标准规定了核桃坚果质量等级、分级和检测方法。在坚果质量要求与分级方面,该标准规定了感官指标、物理指标和化学指标三方面的分级要求。其中,感官指标的基本要求是坚果充分成熟,大小均匀,壳面洁净,无露仁、出油、虫蛀、霉变、异味、杂质等,未经有害化学漂白处理,主要根据果形、核壳、核仁的特点分为特级、一级和二级。三个级别的核桃坚果在良种纯度、平均横径、平均果重、破损果率、取仁难易、出仁率等物理指标方面进行了指标水平的限定,对酸价和过氧化值等化学指标进行了限定。在具体应用中,一般首先通过感官指标、物理指标进行评判,进而再测定化学指标,如果三个指标均符合特级要求,则判定为特级;如果有一个指标低于特级,则按照较低级别评判。安全指标参照国标《食品安全国家标准 坚果与籽类食品》(GB 19300—2014),净含量要求应符合《定量包装商品净含量计量检验规则》(JJF 1070—2023)。《核桃标准综合体》还规定了取样和检测要求以及评判规则,并对标签、标志、包装、运输和储存进行了说明。该标准并未给出核桃坚果加工适宜性的评价指标,目前核桃加工适宜性评价方面的标准和方法尚属空白。

第二节　核桃加工情况

一、核桃加工区域分布与规模

核桃加工包括初加工和深加工，初加工制品包括干制核桃、核桃仁及其休闲食品；深加工制品包括核桃油、核桃蛋白粉、核桃青皮和核壳营养健康食品等。

（一）核桃初加工

我国核桃生产区多分布在山区或丘陵地带，在初加工方面，大规模集约化核桃加工基地较少，主要依靠合作社和果农分散初加工，采后脱青皮、干制等技术相对滞后。在部分地区，通过规划先行、目标导向、政策扶持、整体推进，初加工规模扩大，成效初显。如云南省林草局《关于加快推进林草产业高质量发展的意见（征求意见稿）》提出，要打造世界一流的云南深纹核桃品牌，到2025年，全省完成提质增效1000万亩，标准化初加工率达80%以上。产业规划带动云南产地加工发展迅速，目前云南已建成初加工生产线约500条，每吨核桃干果可通过降本增效多获利2000元。以楚雄市绿之源农业发展有限公司为例，该公司建有2条初加工生产线，包括脱青皮、清洗、烘干等工艺，核桃干果全程"X光色选机+人工检测"，保障核桃品质，带动3000余户农户年均增收1800余元，企业年利润增加200余万元。云南厚生生物科技有限公司建成年处理7000吨的青果脱皮烘干自动化连续生产线1条、恒温冷库20个（容积10万吨），建成年处理5万吨核桃干果综合自动化生产线2条，为精深加工奠定基础，采取"政府+公司+合作社+农户"的方式，深化"双绑"利益联结机制，促进群众可持续增收。临沧由凤庆顺宁坚果公司牵头，联合临沧、保山、大理、楚雄、普洱等地区6家企业组建核桃水洗果联盟，统一规划建设150个核桃采后处理水洗果加工站，有效解决供给端的原料规模和生产标准问题，建成投入使用核桃初加工机械一体化生产线29条。

在新疆一些自然条件较好的地区，除了合作社和果农分散初加工，也出现了大型的初加工企业，如阿克苏裕农果业有限公司建立了常温仓储棚27000平方米，核桃清洗、烘干、分选大棚24396平方米，加工车间5083平方米，冷库4979平方米，公司有6条现代化核桃加工生产线，日处理青皮核桃最高可达3000吨，生产干核桃600吨。每条生产线将去青皮—清洗—烘干—分选打包等关键生产环节有机串联形成完整的机械化流水线，大大节省了每个环节衔接的搬运成本及出错概率，基本做到成品溯源，同时生产效率提高3倍以上，在核桃采收季，公司以每斤2.6元的价格主动收购当地农户青皮核桃，有效拉动了全县青皮核桃交易价格的提升。新疆喀什疆果果农业科技公司目前拥有10000平方米生产加工车间，拥有干坚果清洗、烘干、色选加工分拣线2条，坚果炒货生产线2条，坚果制品生产线1条，共计283台（套）设备，公司会将每年营收的6%作为研发投入，不断提升制作工艺和口感，确保产品成为行业典范，以此确保每年推出8~10款新品，且有1~2款具有成为爆品的潜质。阿克苏浙疆果业有限公司引进了纸皮核桃全自动烘烤线、核桃油冷榨生产线、核桃自动剥壳机、红外全自动核桃仁分选机、枣泥糕生产线等设备，年加工核桃坚果能力达2万吨，主要产品有纸皮核桃、核桃仁、核桃油、核桃枣泥糕等四大系列80余个单品。

河北核桃加工产业依托人才和原料优势快速发展，已经建立起较完整的核桃加工集群，同时发展出一批代表性企业及代表性产业聚集区，成为国内较大的核桃加工省份。在初加工方面，核桃仁加工聚集区主要在石家庄赞皇县及周边几个县，这一地区是我国北方较早的核桃仁加工出口聚集区。此外，区域有大小核桃仁加工企业200余家，核桃仁加工量占河北省核桃仁加工量70%左右。此区域在行业内具有影响力的企业，如赞皇县利通商贸有限公司是国内较大的核桃仁加工及存储企业，也是河北养元智汇饮品股份有限公司的核心供应商；又如石家庄市丸京干果食品有限公司，一直从事核桃仁加工出口，并延伸到多味核桃仁加工、核桃油加工、核桃粉加工等。

（二）核桃深加工

近年来，核桃产量、价格趋于平稳，精深加工利润空间扩大，很多地区把核桃深加工作为重要投资方向和重点扶持领域。如在云南,《云南省核桃产业高质量发展三年行动方案(2023—2025年)》中提出,云南要实现核桃油产能10万吨以上。位于大理永平县的云南厚生生物科技有限公司项目一期建成年产1500吨核桃油螺杆压榨生产线1条、年处理1350吨核桃油精炼生产线1条、核桃油灌装生产线2条、年处理1350吨亚临界核桃油萃取生产线1条、核桃油恒温仓储罐6个1400吨,建成调味核桃仁生产线1条、年处理2400吨核桃仁脱衣生产线1条。项目二期建设年处理2万吨核桃仁脱衣生产线、年处理1.7万吨核桃仁连续液压冷榨生产线和年处理1.7万吨负压低温带式干燥连续生产线,年处理8000吨核桃粕超临界CO_2萃取生产线、年处理4万吨核桃破壳取仁筛分生产线。楚雄州人民政府与光明福瑞投资管理(上海)有限公司合作新建2万吨核桃油、5000吨植物蛋白生产线,每年可消耗8万吨核桃果。大理漾濞县,总投资40.8亿元,建设5000余亩产业园,集核桃孵化基地加工区、核桃产品产业精深加工区、云南国际漾濞核桃(坚果)交易中心和核桃仓储物流区、科研实训区、行政办公区、核桃文化体验旅游综合区七大功能于一体,产业园已与云南东方红生物科技有限公司等10余家企业签订招商引资协议,加工产品涉及核桃乳、核桃油、核桃工艺品、活性炭等系列产品,全县核桃年加工销售量4万吨左右,初加工产值7亿元,每年解决近1.5万人的劳动力就业。

2023年,新疆提出要高质量建设"八大产业集群",推进延链、补链、强链,增强特色优势产业发展的接续性和竞争力。在中央政策支持下,核桃深加工产品种类大大丰富,企业数量和规模均呈上升态势。如新疆美嘉食品饮料有限公司已建成5000吨多种核桃蛋白、蛋白肽提取联用生产线,主要包括压榨车间、亚临界萃取车间、核桃蛋白超微粉碎车间、水解核桃蛋白提取车间、核桃蛋白肽生产车间,项目产品包括核桃毛油、水解核桃蛋白、浓缩核桃蛋白(浓香型、高蛋白型)、核桃蛋白肽、饲料用核桃蛋白;已建成1万吨核桃油精炼灌装生产线,该项目的产品包括婴配级脱塑核桃油、脱塑有机特级核桃油、脱塑一级核桃油、二级精炼浓香核桃油。喀什光华现代农业有限公司结合喀什当地核桃资源,主要生产加工核桃油、核桃粉、核桃仁、核桃休闲食品等核桃系列产品和新疆特色干果类产品，项目设计产能为年加工核桃约10000吨、核桃油1000吨、核桃休闲食品2000吨、核桃粉3000吨。

河北省在核桃深加工领域起步较早，形成了核桃深加工产业集群。核桃乳加工聚集区主要在衡水、承德、石家庄等地，位于衡水的河北养元智汇饮品股份有限公司是国内最大的核桃乳生产企业之一，同时也是国内最大的核桃仁需求客户之一，它的定价直接影响国内每年的核桃及核桃仁的价格走势，而承德露露股份公司生产的核桃乳，在国内也占有不小的市场份额。核桃油加工聚集区及代表企业，主要集中在邯郸涉县、邢台临城县、石家庄赞皇县。

在副产品研发方面，商洛盛大实业股份有限公司依托本市及周边地区丰富的核桃壳资源，开发出六个大类23个系列产品，广泛用于石油开采堵漏、化工材料、机械抛光、水质净化、化妆品、宠物床材等行业，获多项国家发明专利，成为核桃副产物高值化利用、延长核桃产业链的典型案例。

二、核桃主要加工产品

核桃作为我国重要的经济林产品，除提供营养丰富的坚果外，其各组分通过深度加工可衍生出多元产品，形成覆盖初加工、精深加工及副产物综合利用的完整产业链。以下从坚果、果仁、油脂、蛋白及壳材等维度，系统介绍核桃加工的主要产品类型、特性及产业价值，展现其从"传统干果"到"健康原料""环保材料"的多功能转化路径。

（一）核桃坚果产品

核桃坚果是核桃作为商品的主要形态，原果分级分选可使综合效益每吨提高2000元左右。核桃坚果因产区、品种差异，市场价格存在差异，如新疆薄壳核桃，出仁率在50%以上，通货价格12~18元/千克；云南产的泡核桃果仁色泽、风味突出，通货价格10~16元/千克，通货价格根据核桃坚果品质，优质优价。我国核桃坚果出口率持续增长，而进口率则趋于下降，这与我国核桃初加工阶段核桃坚果品质提升，以及"一带一路"建设的外部环境直接相关。核桃坚果根据其外观和物理指标分为四个等级，参考标准为《核桃坚果质量等级》

（GB/T 20398—2021），如表1-5所示。

表1-5 核桃坚果分级

项目		特级	I级	II级	III级	检测方法
感官指标	外观	坚果充分成熟，壳面洁净，缝合线紧密，无露仁、虫蛀、出油、霉变等，无杂质；果实大小均匀	坚果充分成熟，壳面洁净，缝合线紧密，无露仁、虫蛀、出油、霉变等，无杂质；果实大小基本一致	坚果充分成熟，壳面洁净，缝合线紧密，无露仁、虫蛀、出油、霉变等，果实无杂质		视觉、嗅觉测定法
物理指标	均匀度（%）	≥98.0	≥95.0	≥90.0	≥85.0	GB/T 20398—2021
	横径（毫米）	≥36.0	≥36.0	≥34.0	≥30.0	GB/T 20398—2021
	纵径（毫米）	≥40.0	≥40.0	≥38.0	≥36.0	GB/T 20398—2021
	侧径（毫米）	≥34.0	≥34.0	≥32.0	≥30.0	GB/T 20398—2021
	壳厚（毫米）	≤1.0	≤1.2	≤1.5	≤2.0	GB/T 20398—2021
	平均果重（克）	≥20.0	≥18.0	≥15.0	≥12.0	GB/T 20398—2021
	平均仁重（克）	≥8.5	≥8.0	≥7.0	≥6.0	GB/T 20398—2021
	出仁率（%）	≥55.0	≥51.0	≥46.0	≥43.0	GB/T 20398—2021
	空壳果率（%）	≤1.0	≤2.0	≤3.0	≤4.0	GB/T 20398—2021
	破损果率（%）	≤1.0	≤2.0	≤3.0	≤4.0	GB/T 20398—2021
	黑斑果率（%）	≤0.1	≤0.1	≤0.2	≤0.3	GB/T 20398—2021

核桃坚果产品主要有炒核桃和烤核桃等，炒核桃因其独特的风味和口感在北方天津地区、南方广东地区较受欢迎，新疆'温185'核桃因缝合线较松、易裂口等特点，被广泛用于炒制，并辅以不同调料同炒，通过火候调整、翻炒直至锅内蒸汽逐渐变少至消失，晾凉即得成品（见表1-6）。烤核桃是将核桃

剥去外壳后，一定温度下烘烤制得，种类较多，是目前市场上烤货干果中的重要产品，因其口味比生核桃丰富而受到消费者青睐，利润较核桃干果提升了50%~300%，占坚果初加工80%以上。

表1-6 市场炒核桃产品及价格

产品名称	产品价格（元/斤）
原味炒核桃	20~50
糖炒核桃	30~60
盐焗核桃	25~55
五香/麻辣核桃	35~65
高端礼品盒	80~200

图1-8 烤核桃

（二）原味核桃仁

原味核桃仁是指核桃坚果脱壳后，未经进一步加工的核桃仁。2024年，我国原味核桃仁加工量约占核桃干果总量的25%~30%，分区域差别较大。如在新疆地区，原味核桃仁占比约35%，核心品种为出仁率高、易脱壳的'温185'。在云南，用于核桃仁生产的核桃干果约占总量的25%，泡核桃因其果仁色白、涩味淡等特点，在同类产品中有明显优势。在陕西、甘肃等地，核桃仁产量占比约为20%；河北、山西等地约为15%，'香玲'、'辽核'系列、'晋龙'、'礼品'系列常作为制备核桃仁的主要品种。新疆、云南产区因核桃仁品质优势，产量逐年上升，河北等传统产区转向以深加工为主的趋势较明显。

图1-9　原味核桃仁

（三）核桃油

核桃油中含有丰富的不饱和脂肪酸,油酸、亚油酸和亚麻酸含量可达90%以上。其中,亚油酸的含量最高,通常占油脂的60%~70%,亚油酸在人体内可代谢生成花生四烯酸（ARA）,ARA除了能转变为调节生理功能的各种前列腺素,还具有保护胃黏膜、治疗皮肤干癣症、预防脂肪肝、杀死癌细胞等作用。核桃油还富含人体必需脂肪酸——亚麻酸,它在人体内可代谢生成二十碳五烯酸（EPA）和二十二碳六烯酸（DHA,俗称"脑黄金"）,EPA具有降低血脂和血小板凝聚的作用,能预防脑血栓、心肌梗死等疾病；DHA具有促进神经系统发育、提高学习记忆力、预防阿尔茨海默病和癌症等作用。此外,核桃油中还含有丰富的生育酚、植物甾醇、黄酮等天然的抗氧化剂,能有效清除人体内自由基,从而起到抗衰老的作用。

从发展态势看,近年来针对母婴特殊人群的低温压榨核桃油小包装产品销量增长明显,主要得益于新生代消费者对于科学育儿的需求和婴幼儿食物品质的追求,而这种趋势在未来仍将持续增强。此外,市场也出现如核桃油药物制剂及保

图1-10　不同包装形式的核桃油产品

健品、核桃油化妆品、按摩油等新兴产品，新兴产品的出现也将带动核桃油市场出现一定增长。

（四）核桃蛋白粉

核桃仁中蛋白含量约为13%~17%，可消化率为87.2%。作为一种优质的植物蛋白资源，核桃蛋白质含18种氨基酸，其中包含人体所必需的8种氨基酸，其中精氨酸、谷氨酸和天冬氨酸的含量比较高，各类氨基酸的比例合理，具有良好的保健作用。与其他植物蛋白（小麦、大豆和玉米蛋白）相比，核桃蛋白有更高的必需氨基酸含量，且必需氨基酸含量均高于FAO/WHO（1990）推荐的成年人适用量，是人体必需氨基酸的良好来源。

核桃蛋白粉是以核桃制油副产物——核桃饼粕为原料制得，蛋白含量一般在50%以上，制备方法包括湿法和干法两种。湿法制备包括碱溶酸沉法、反胶束法、超声波辅助法、膜分离法以及离子交换法等，其中碱溶酸沉法比较常用，最终获得的蛋白粉中蛋白含量可达90%以上，达到核桃分离蛋白标准。干法制备主要通过比重法对核桃饼粕粉进行分离，可获得蛋白含量在70%左右的蛋白粉，达到核桃浓缩蛋白的要求，可满足以核桃蛋白为基料的食品开发。市面上核桃蛋白粉的种类众多，但大多是与其他谷物混合的复合蛋白粉，包括大豆分离蛋白、花生蛋白等。单一组成、纯度较高的核桃蛋白粉可用于制备蛋白肽类产品，在健康食品领域有较大发展空间。

图1-11 干法制得的核桃粉

（五）核桃壳产品

核桃壳主要由木质素、纤维素、半纤维素等组成，木质素占比约38.1%，赋予核桃壳体刚性和抗降解能力；纤维素与半纤维素分别占30.1%和27.3%，构成核桃壳体的纤维网络，使其具有一定韧性；核桃壳还含有鞣酸、多酚类物质（如芦丁）、黄酮类化合物等生物活性成分，使其具有一定的抗氧化、抗炎和抑菌作用。核桃壳可以加工成活性炭、滤料等多种产品。商洛盛大实业股份有限公司专注于核桃壳产品研发和生产，建设核桃壳粉生产线3条，可生产核桃壳滤料、核桃壳磨料、核桃壳粉、核桃壳堵漏颗粒、核桃壳宠物床材等六个大类23个系列产品，年生产能力1万吨。核桃壳综合开发利用可助力新型环保产业发展，且深度开发成本较低，收益率高，能够变废为宝，延长核桃产业链，使核桃具有较高附加值。

图1-12　核桃壳堵漏颗粒

三、核桃加工技术与设备

（一）核桃仁及仁类产品

由新疆农业科学院农业机械化研究所研制的核桃破壳、壳仁分离生产线，由破壳系统、分级系统、壳仁分离系统组成，可实现核桃破壳，核桃仁和核桃壳大小分级，核桃仁、核桃壳和核桃隔膜分离。设备操作方便，可根据核桃大小、品种不同进行适当调节，以达到最佳加工效果。核桃破壳、壳仁分离设备型号包括6HT—200型、6HT—600型、6HT—3000型，分级后的原果核桃，由提升机送入破壳机，破壳后落入振动筛，由振动筛将破壳后的核桃按大小分为1/2、1/4、1/8、1/16四个等级，再经壳仁分离系统，将核桃壳和仁完全分开，由出仁口和出壳口各自排出。该成套设备生产率高，适合中小型企业使用。

图1-13　6HT—3000型核桃破壳、壳仁分离加工成套设备

（二）核桃油加工技术与设备

1. 压榨法制油

目前，工业生产中使用的油脂制取工艺主要是压榨法，常用的有螺旋榨油机和液压榨油机。根据物料压榨过程中是否经过高温处理分为低温压榨和热榨两种类型。低温压榨法在低于65℃环境下进行，物料不加炒焙，营养成分保存完整，色泽良好，但气味较差。热榨法是将物料炒焙后榨取油料，气味浓香，颜色较深，产量较高，存留残渣较少，但营养成分损失较大。由于低温压榨法出油率比热榨法低，且营养物质保存良好，因此低温压榨油的价格一般比热榨油高。目前，洛阳兆格环保科技有限公司研制的新型全连续卧式液压榨油机，采用端面出油及PLC全自动控制系统，实现核桃连续进出料，出油率可达85%以上，同时该设备属于低温压榨工艺，核桃蛋白变性风险小，有力保证了核桃后续的精深加工。由该公司承建的新疆阿克苏和云南大理2条"日处理45吨脱衣核桃仁连续液压冷榨生产线"全自动液压核桃榨油机初步调试成功。工艺

路线为将前端脱衣烘干后的核桃仁输送到储料仓，再使之通过核桃仁切丁、输送分料、全自动液压冷榨、核桃饼粕粗碎、碎饼粕输送等全自动生产线。单台榨机单次进料85~90千克，单次工作时间18.5~20分钟，24小时可处理核桃仁45.8吨，饼粕残油率在20%以内。

图1-14　全连续卧式液压榨油机

2. 水代法制油

核桃油水代生态制取新技术、新装备由云南省林业和草原科学院与云南云上普瑞紫衣核桃产业开发有限责任公司联合研发而成。该技术具有以下特点：研制出新型水代提油装备包括磨浆、搅拌和油渣分离等核心装置，与传统制油装备相比，设备简单、操作方便，无须传统水代法中的离心分离、精炼等环节。创新了水代提油新工艺，核桃仁研磨后搅拌、加水即能达到抽取核桃油的目的，工艺简单快捷；较之传统工艺，新工艺提油效率高，30~45分钟可实现一次性提油效率达90%以上。油品质好，提取的核桃油无须精炼即可达国家标准，活性成分得到充分保留，货架期可超过18个月；饼粕蛋白不变性，可直接作为核桃粉、速溶蛋白粉、蛋白肽等高附加值利用的原料。目前，该新技术、新装备已在云南、新疆等主产区推广应用。2023年9月27日，云南省"水代法"生态制取核桃油技术转化推介会在楚雄彝族自治州大姚县举行，大姚广益发展有限公司年产2000吨"水代法"核桃油生产线启动投产，生产线可实现加工核桃仁1600千克/小时，生产核桃油800千克/小时，日均核桃油产能达5吨以上。

图1-15 水代法取油设备

（三）核桃蛋白产品加工技术

1. 乙醇浸提法

乙醇浸提法是利用乙醇脱除核桃粕中醇溶性蛋白、呈色物质、呈味物质等成分，再使其干燥即可得到核桃浓缩蛋白。研究发现，当乙醇浓度为60%、料液比为1∶10、温度为55℃、提取70分钟时，核桃浓缩蛋白提取率可达84.07%，蛋白含量为69.24%±0.15%，此法在生产中的应用前景较好。

2. 碱溶酸沉法

碱溶酸沉法是目前提取植物蛋白最常用的方法，同样适用于提取核桃蛋白。当工艺条件为料液比1∶20、碱溶pH为11.0、搅拌2小时、酸沉pH为4.5时，制备的核桃分离蛋白中的蛋白质含量达90.5%，蛋白回收率为43.15%。但因核桃蛋白以谷蛋白为主，提取核桃蛋白时所选取的pH较高，需添加大量碱液，易造成环境污染。目前，生产中用碱溶酸沉法制备高蛋白含量核桃蛋白的企业较少。

（四）核桃青皮副产物加工技术

核桃青皮可用于提取植物源核桃青皮色素。以核桃青皮为原料，用碱液提取天然食用色素，该色素在不同pH下呈现不同颜色，性质基本稳定，可在不同酸度食品和不同颜色需要的情况下使用。以核桃青皮为原料提取天然食用色素原料来源丰富、生产工艺简单、成本低，产品色素附着力强且安全无毒，在食品工业中有很好的开发应用价值。提取核桃色素的技术方法主要包括溶剂萃取法、超声波萃取法、超临界流体萃取法、微波辅助提取法、酶提取法等，但目前核桃色素类产品在市场上尚不多见。

第三节 核桃从业人员情况

一、核桃种植业从业者

（一）从业者规模

截至2024年底，我国核桃种植覆盖20多个省（区、市），主产区集中于云贵、西北及华北地区，从业者规模持续扩大。

云南：2024年，全省核桃种植面积4300万亩，116个县开展核桃种植，占全省总县数的90%，覆盖云南省2000多万农村人口。以漾濞县为例，核桃种植户增至2.4万户，占全县农户的95%，农民人均拥有核桃100余株，人均种植核桃10亩以上，人均核桃收入约6000元，占农村居民人均可支配收入的60%。

新疆：南疆地区的阿克苏、和田、喀什地区是新疆核桃主产区，种植面积640万亩，超过10万亩的县域新增2个，800余万人以核桃种植生产为主要经济来源。其中温宿、叶城等核心产区核桃收入占农民纯收入的比例超45%。

新兴产区：重庆城口县核桃种植面积增至45万亩，年产值突破12亿元，带动2.5万户农户户均增收3500元，较2022年增长16.7%。

云南、新疆等主产区通过"价格指数保险"等政策工具，稳定种植户收益，间接提升从业稳定性。如2024年8月，永平县按照《大理州核桃价格指数保险试点工作实施方案》，启动实施核桃价格指数保险试点工作，在7个乡（镇）选取3万亩核桃基地开展工作，取得实效。

（二）从业者结构

主体构成：仍以个体种植户为主（占比约70%），但"公司+合作社+农户"模式普及率提升至35%（2022年为30%），吸纳了更多专业化管理人员和技术人员。

技术升级：随着云南等地有机认证核桃种植面积不断突破（例如：2024年，云南通过有机认证的核桃种植面积达200万亩，形成了以永平县、漾濞县为核心的有机产业带），有机栽培技术覆盖率提升至30%，无人机植保、智能灌溉等技术推广使技术人员需求增长10%。

老龄化与人才缺口：核桃种植从业者老龄化现象突出，如在西北地区，核桃种植户平均年龄55岁，青壮年劳动力外流率仍超40%，技术培训覆盖率不足50%，在其他核桃主产区也存在同样问题。一些地区为了应对这些问题，采取了一系列政策措施，如云南在2024年实施了多地试点"返乡创业补贴"政策，漾濞县通过"三联"机制培训3000名核桃管护员，新增合作社200家，在一定程度上纾解了技术不足带来的困难。

二、核桃加工业从业者

（一）从业者规模

截至2024年8月，全国核桃加工相关企业数量较2023年增长约15%，从业人员覆盖规模超200万人，区域集中度显著提升。

云南：加工企业达600余家（含省级以上龙头企业15家），新增就业2万人（如漾濞县年加工量占全省的30%）。

新疆：喀什地区加工企业扩至80家，叶城县新增深加工生产线3条，吸纳就业人数增长20%。

新兴模式：家庭式加工作坊在甘肃、陕西等地兴起，带动灵活就业50万人，占初加工劳动力总数的40%。

动态分析：2024年，核桃深加工产值占比提升至25%（2023年为20%），推动技术研发人员需求增长12%，如核桃油、核桃乳等领域专业人才缺口达8万人。

（二）从业者结构

从事核桃初加工生产的工人占比60%，具备食品科学、机械自动化技术的人员占比约20%，管理人员及研发人员占比15%。同时，2024年，龙头企业普遍要求员工持有相关职业技能证书，云南、贵州等地开设核桃加工专项培训，以提高核桃加工从业者的技术水平。

三、核桃三产从业者

（一）从业者规模

2024年，三产从业者占比提升明显，主要集中于电商、文旅、科研等领域。在电商与物流方面，全国核桃电商从业者达150万人（较2023年增长30%），其中"90后"青年创业者占比75%，通过直播带货、社群营销等模式拓展市场。云南漾濞县、新疆温宿县等地发展"核桃主题乡村旅游"，带动导游、民宿经营者等从业者5万人，年产值超8亿元。

（二）从业者结构

2024年，"核桃+康养""核桃+文创"等模式兴起，吸引跨界人才（如设计师、营养师）加入，推动产品附加值提升20%。农业农村部"乡村振兴重点产业人才计划"定向培养核桃产业管理人才1万名，优化了三产人才结构。

2024年，我国核桃产业从业者结构向专业化、年轻化转型。未来可在以下方面重点突破。

（1）技术培训：扩大无人机植保、深加工技术等培训覆盖面，覆盖80%主产区。

（2）政策协同：深化"价格指数保险""返乡创业扶持"等政策，稳定从业人员队伍。

（3）三产融合：通过电商、文旅等新业态吸引青年人才，提高三产从业者占比。

第四节　核桃营销情况

一、核桃产品商品化发展现状与提升路径

（一）产业规模与市场地位

中国作为全球核桃生产与消费第一大国，市场需求持续增长。数据显示，我国年均核桃干果消费量超400万吨、核桃仁消费量约39万吨，两项指标均居全球首位。近年来，不同口味的核桃仁及带壳核桃零食种类与销量同步增长，市场需求呈正增长态势，消费端活力显著。

（二）产品结构：初加工主导与精深加工潜力

1. 初级加工产品是核桃加工产业基本盘

目前，我国核桃产业以销售核桃干果、核桃仁等初级产品为主，产品主要集中于农副食品阶段，包括大宗核桃果/仁、小包装果仁，以及枣夹核桃、烤核桃、蜂蜜核桃等休闲食品。尽管品类有所丰富，但整体附加值较低，高端营养食品、功能食品等现代农业商品化水平仍待提升。

2. 精深加工产品是高附加值增长极

（1）加工品类多元拓展：精深加工覆盖核桃乳、压榨核桃油、核桃蛋白粉、抗冻肽等食品，以及以核桃青皮、核桃壳为原料的日化用品（如活性炭、滤料等）。

（2）市场规模与原料消耗：精深加工行业市场规模达380亿~400亿元，核桃干果用于精深加工的量约100万吨，占核桃总产量的20%，产业链延伸空间显著。

（3）企业格局与案例：全国核桃加工企业呈现"小、弱、散、乱"的特征，规模化企业较少。云南作为主产区，其加工企业数量占全国的1/4。其中，云南摩尔农庄生物科技开发有限公司（下文简称"摩尔农庄"）是全国为数不多形成核桃全产业链发展的生物科技开发企业，为行业提供了整合范本，但整体尚未

形成集聚效应,品牌影响力不足。

(三)新兴市场:鲜果流通的机遇与挑战

核桃鲜果市场近年来在陕西西安等地呈现产销两旺趋势,种植效益提升显著。尽管受限于保质期短的特性,但其消费者接受度高,且能直接提高种植户收益,未来若突破保鲜技术瓶颈,市场潜力有望进一步释放,成为优化产业结构的重要突破口。

(四)流通体系:传统渠道与新兴模式并存

1. 产区与销区分布格局

我国核桃主产区集中于云南、新疆、四川、陕西等西部地区,集散地在云南以楚雄、昌宁、临沧、大理、昆明为核心;新疆以阿克苏、喀什、和田、乌鲁木齐为枢纽。全国主销区以北京、沧州、长三角、山东、重庆、珠三角等经济发达地区为主要集散中心。

2. 多元化流通渠道

传统流通链条采用"产地收购商—产地批发市场—销区二三级批发市场—商超/加工厂/零售商"的层级流通模式,批发市场仍是一级集散的核心载体。

新兴流通模式:"产地+商超""产地+工厂""工厂+电商"等直供模式快速发展,电商平台在经济发达城市市场份额逐步扩大,产品以休闲食品为主;中小城镇及农村市场则以中小商店、摊贩及部分商超为主要终端。

(五)核心问题与升级路径

当前,我国核桃产品商品化发展面临多重瓶颈,一是产业链条较短,精深加工量仅占核桃总产量的20%,高端营养食品、功能食品等产品供给不足,产业仍过度依赖初加工产品;二是加工企业竞争力较弱,企业普遍呈现规模小、技术滞后的特点,品牌效应不足且抗风险能力较弱;三是鲜果流通存在限制,受限于保鲜技术瓶颈,核桃鲜果市场的进一步扩张受到制约;四是流通渠道效率有待提升,传统流通渠道层级较多、成本较高,电商渠道在中小城镇及农村等下沉市场的渗透率仍需加强。

针对上述问题，我们需从多维度推动产业升级：一方面，要延伸精深加工链条，重点发展核桃油、蛋白粉、日化品等高端产品，提升产品附加值；另一方面，要突破鲜果保鲜技术瓶颈，加大冷链物流体系建设与保鲜工艺研发投入，扩大鲜果销售半径；同时，以云南等主产区为依托培育龙头企业与产业集群，引导加工企业集聚发展，复制摩尔农庄全产业链发展模式，增强品牌影响力；此外，还需深化传统批发市场与电商、商超等渠道的协同融合，优化"产地直供"模式效率，进一步拓展中小城镇及农村市场。

二、核桃产品销售模式的传统形态与新型变革

（一）传统销售模式的层级结构与局限

传统核桃销售模式呈现清晰的上中下游层级特征。

1. 上游种植端

农户采收核桃后售予中间商，受种植成本与收购价格差异影响，种植户利润普遍较低且波动较大，制约生产积极性。

2. 中游流通与加工环节

核桃经中间商收购后集散于产地批发市场，部分进入加工企业。以核桃乳、核桃油为主要深加工方向，例如河北养元智汇饮品股份有限公司作为国内最大核桃乳生产企业之一，其2022年核桃乳产品毛利率达45.79%，显示深加工环节具备较高附加值。

3. 下游终端市场

初级农产品或加工品通过商超、便利店、农贸市场等渠道触达消费者，但中间环节多、交易成本高、市场覆盖半径有限，难以保障价格稳定与收益增长。

（二）新型销售模式的创新路径与成效

在信息技术推动下，核桃销售向电商化、数字化转型，显著突破传统模式瓶颈。

1. 多元化线上推广策略

直播带货、短视频营销与微信社交营销成为核心抓手。直播带货通过即时

互动与场景化展示,激发消费者购买行为;短视频营销以影音内容创作吸引流量,结合"网红"合作与账号矩阵实现精准传播;微信社交营销依托公众号、社群、小程序等载体,利用高用户黏性开展精准推广。例如,抖音平台近10万名主播通过推广销售山核桃、核桃油等产品,推动"草本味""蜜之番"等新品牌崛起,2023年12月,二者在纸皮/薄皮核桃品类的销售额分别达429.64万元、219.60万元。

2. 电商渠道的爆发式增长

线上市场成为核桃产品重要增量空间。2023年淘宝天猫数据显示,核桃油销售额达3.7亿元,同比增长195.4%,其中"爷爷的农场""碧欧奇"等品牌增速显著(分别增长563%、2577%)。区别于传统电商,短视频平台通过内容驱动消费,形成"流量—转化—品牌"的新型增长模式,带动休闲类核桃食品销售持续上行。

3. 品控挑战与标准化建设

新型销售模式对产品质量管控提出更高要求。由于核桃种植与加工环节标准化程度不足,线上销售易面临品质参差不齐问题。对此,产业端需优化企业结构、强化标准化管理与绿色生产,平台端则需严格审核产品品质,双向推动建立统一规范,以保障新消费模式下的市场竞争力与可持续发展。

(三)模式对比与产业升级

传统模式依赖层级流通,效率与收益受限;新型模式通过减少中间环节、扩大市场半径、激活消费场景,实现产业升级。未来需以标准化建设为基础,深化"电商+内容+供应链"融合,推动核桃产品从区域流通向全国市场、从初级品类向品牌化消费升级。

三、核桃产业市场供需格局与消费区域特征

(一)生产扩张与市场价格走势

自2014年起,我国多个省(区、市)将核桃列为山区乡村振兴的重点推广树种,推动种植面积与产量快速增长,市场供应量持续增加。随着国内电商崛

起，休闲食品类电商企业为抢占市场份额普遍下调核桃产品价格，叠加供需关系变化，核桃市场价格从2016年的38~40元/千克，持续下跌至2023年末的8~12元/千克，市场行情整体走弱。

（二）加工结构与消费规模

我国核桃加工以初加工为主，70%以上用于生产核桃坚果、核桃仁等初级产品，主要通过线下批发市场、超市及线上电商渠道销售，部分用于深加工为核桃乳、核桃蛋白粉、核桃油等产品。其中，核桃乳年消费量约100万吨，核桃油年消费量为3万~5万吨。随着国内核桃产量增长、居民收入提升及健康意识增强，核桃表观消费需求量已达600万吨左右，深加工产品需求持续上升。

（三）区域消费特征与流通结构

1. 华东地区（全国最大消费区域）

华东地区人口密集、经济发达，对核桃及加工产品购买能力强。该区域流通的核桃中，50%~55%来自云南，35%来自新疆，5%~10%来自山东、浙江、陕西、山西等地，形成了以西南产区为主体的供应格局。

2. 华北地区（人均消费量最高区域）

华北地区依托京津冀经济圈辐射，核桃消费以高附加值产品为主。该区域流通的核桃中有65%来自新疆，30%来自云南，1%~2%来自山西，0.5%~2%源于进口，呈现"新疆主导、云南补充"的结构特征。

3. 华中地区（第三大消费区域）

华中地区以河南、湖南、湖北为核心，人均消费量低于全国平均水平。流通的核桃中45%来自新疆，40%来自云南，5%左右来自河南、湖北，5%来自山西、陕西及其他地区，这体现出对西部主产区的高度依赖。

（四）市场驱动逻辑与未来趋势

当前市场呈现"产量增长—电商分流—价格下探—加工升级"的联动特征，一、二线城市因收入水平较高，成为核桃乳、核桃油等深加工产品的消费主力。未来随着消费升级与深加工技术提升，核桃市场有望从"规模扩张"转向"结构优化"，高附加值产品占比及区域消费均衡性或进一步提升。

四、核桃产业品牌建设

（一）细分品类品牌突围：精准定位下的市场卡位

在核桃产业的品牌竞争格局中，企业通过细分品类的精准定位实现市场突破。功能化单品品牌凭借明确的消费场景占据主导地位：河北养元旗下"六个核桃"以"益智健脑"为核心卖点，2024年销售额突破53亿元，成为核桃乳品类绝对领军者；摩尔农庄"聪滋牌核桃牛磺酸乳酸锌饮料"则以国内唯一航天级标准认证的保健食品属性，构建功能型饮品的差异化壁垒。

原料与加工环节的品牌建设聚焦品质与渠道协同：摩尔农庄核桃油依托山姆会员店等高端商超渠道，以年增长率60%的业绩塑造"天然健康"形象，通过精准触达中高端消费群体，建立品质信任度；五谷磨房、艺福堂等品牌则以核桃粉为切入点，通过便捷化健康食品定位，抢占早餐与轻食消费场景。

零售终端品牌则通过全品类布局扩大市场覆盖：三只松鼠、良品铺子等休闲食品企业将核桃干果、核桃仁、核桃枣等纳入产品线，借助上市企业的资本优势与渠道网络，推动核桃产品从区域特产向全国性零食品牌拓展。例如，百草味的核桃枣系列通过线上线下联动，成为年轻消费者的热门选择。

（二）技术创新驱动品牌升级：从工艺突破到价值重构

品牌竞争力的核心在于技术壁垒的构建与消费价值的深度挖掘。摩尔农庄通过工艺创新实现产品迭代，其2023年推出的核桃厚乳新品，运用新技术将核桃蛋白含量提升至普通产品的2倍（每250毫升浓缩蛋白达3.0克以上，远超普通核桃乳的0.55克/100毫升），同时实现零碳水、零糖、无香精、无防腐剂，以"天然咖啡及奶茶伴侣"的定位切入新兴消费场景，塑造"技术领先型"品牌标签。

科研成果的转化成为品牌功能化叙事的关键支撑。相关研究表明，核桃蛋白具有分子量小、易吸收、氨基酸全面的特性，尤其是精氨酸的高生物利用度赋予其独特的保健价值。企业以此为基础，将"植物奶""蛋白粉"等新品类与"健康、高端"形象深度绑定，例如摩尔农庄在宣传中强调核桃蛋白相较于动物蛋白的优势，为产品注入"天然营养解决方案"的品牌内涵。

（三）区域公共品牌整合：从分散经营到产业价值聚合

主产区的品牌建设正从"企业单打独斗"转向"区域协同发展"。以云南为例，通过推进"云南深纹核桃"区域公共品牌申报认证，统一制定授权使用、监管保护与推广宣传标准，改变"有产品无品牌、有品质无标准"的行业现状。这一举措旨在将分散的种植户与加工企业纳入统一品牌体系，通过标准化生产与品控管理，提升区域产业的整体溢价能力。

地理标志产品的文化赋能成为区域品牌建设的重要抓手。漾濞泡核桃、大姚三台核桃、鲁甸大麻核桃等具有地域特色的品类，通过挖掘种植历史、加工工艺与民族文化，将物理属性转化为品牌故事。例如，漾濞泡核桃以千年种植历史为背书，结合"绿色生态"概念进行传播，推动消费者从"认知产品"到"认同文化"的跨越，进而提升"云南深纹核桃"在全国的影响力。

（四）渠道与品牌协同进化：高端渗透与下沉市场拓展

品牌建设与渠道策略的深度协同，形成"高端树形象、大众扩规模"的发展格局。在高端市场，摩尔农庄核桃油通过山姆会员店等渠道的精准卡位，以年增长60%的表现印证"品质+渠道"的有效性。这类渠道不仅为产品提供溢价空间，更通过消费升级趋势强化"高端优选"的品牌认知。

在下沉市场，电商与新零售成为品牌渗透的核心载体。三只松鼠、洽洽食品等企业通过直播带货、短视频营销等新媒介，将核桃零食的"健康、便捷"属性传递给年轻群体。例如，抖音平台近10万名主播带货核桃产品，推动草本味、蜜之番等新品牌崛起，2023年12月，二者在纸皮/薄皮核桃品类销售额分别达429.64万元、219.60万元，展现出新兴渠道对品牌年轻化的助推作用。

（五）品牌生态构建的底层逻辑：从单点竞争到价值链条延伸

当前核桃产业的品牌建设已超越单一产品营销层面，转向"全链条价值生态"的构建。短期来看，企业通过技术创新与品质升级，打破消费者对核桃产品"低端、同质化"的固有印象，建立"功能化、健康化"的品牌联想，如"六个核桃"通过持续的功能营销巩固市场地位。

中期维度，区域公共品牌的整合旨在聚合产业资源，形成"生产有标准、品质可追溯、文化有内涵"的产区形象。云南通过统一区域品牌管理，将分散的加工企业与种植户纳入标准化体系，推动"云南核桃"从原料输出向品牌输出转型，提升整体议价能力。

长期视角下，品牌建设与"植物基"消费趋势深度融合，依托核桃蛋白的营养优势，向大健康产业延伸。例如，摩尔农庄以核桃蛋白为核心原料，开发蛋白粉、功能饮料等多元产品，构建从"种植—加工—健康服务"的产业闭环，最终实现从"坚果品牌"到"健康生态品牌"的跨越。

核桃产业的品牌建设是技术创新、品类细分、区域协同与渠道变革共同作用的结果。通过"单品突破—技术赋能—区域整合—生态延伸"的立体化路径，核桃产业正从"规模扩张"转向"价值提升"，为乡村振兴与消费升级提供可持续的品牌动能。

五、核桃进出口贸易情况

（一）全球核桃贸易市场概况

核桃作为全球著名的四大坚果之一，其贸易市场覆盖六大洲50多个国家和地区。当前，全球核桃贸易产品以带壳核桃和核桃仁为主，亚欧地区、美洲地区和北非地区构成了主要贸易市场，且国际市场需求持续旺盛，贸易量呈现稳步增长态势。

（二）全球核桃主要进出口国家分布

1. 进口情况

（1）带壳核桃：2023年，全球带壳核桃进口市场广泛分布于欧、亚、美、非四大洲。土耳其以8.2万吨的进口量居首位，紧随其后的是阿联酋（6.0万吨）、印度（5.7万吨）、意大利（3.2万吨）和伊朗（3.1万吨）。欧洲的意大利、德国、西班牙、荷兰等国，中东地区（土耳其、阿联酋、伊朗等）、中亚地区，以及欧洲的俄罗斯联邦，美洲的墨西哥，非洲的北非地区（阿尔及利亚和摩洛哥）均为主要进口地。

（2）去壳核桃仁：主要进口市场集中在欧、亚、美三大洲，欧盟、加拿大、中东、俄罗斯是主要目的地。欧盟成员国德国、西班牙等，中东地区（土耳其、阿联酋等）、中亚地区、俄罗斯联邦以及美洲的加拿大（进口量0.94万吨）是主要进口区域。

2. 出口情况

（1）带壳核桃：2023年，亚、美两大洲主导全球带壳核桃出口。中国以15万吨的出口量居首位，智利（10.5万吨）、美国（7.7万吨）也占据较大份额；此外，土耳其（2.7万吨）、吉尔吉斯斯坦（1.4万吨）、墨西哥（2.0万吨）、阿根廷（0.6万吨）以及欧洲的法国（2.4万吨）、乌克兰（0.9万吨）也在出口国中占据一定地位。

（2）去壳核桃仁：美、亚、欧三大洲是主要出口区域。美国以14.6万吨的出口量位居前列，墨西哥（4.6万吨）、智利（3.5万吨）、中国（6.6万吨）也表现突出；同时，吉尔吉斯斯坦、土耳其、乌兹别克斯坦等亚洲国家，以及乌克兰、德国、荷兰等欧洲国家也参与到核桃仁出口贸易中。

（三）全球核桃贸易价格特征

2023年，全球核桃贸易呈现出明显的价格差异，带壳核桃平均出口单价约为2.5美元/千克，而核桃仁平均出口单价约为5.0美元/千克，核桃仁凭借更高的加工附加值，在价格上显著高于带壳核桃。

（四）中国核桃进出口贸易现状与增长驱动

中国作为全球核桃主要生产国之一，在国际核桃贸易中占据重要地位。2023年，我国带壳核桃仁进口量为2895.93吨，进口总值700.4万美元；去壳核桃仁进口量为4503.6吨，进口总值2121.4万美元。出口方面表现更为强劲，全年核桃产品出口量约22万吨，其中带壳核桃占比约68%，去壳核桃仁占比约30%，其他核桃仁产品占比约2%，出口总值分别达到27658.0万美元（带壳核桃）和25473.0万美元（去壳核桃仁），贸易以出口为主。

值得关注的是，2023年，我国核桃出口量较2022年（约13万吨）大幅增长70%。这一增长得益于多重因素：国内核桃产业向标准化、规模化和品种化发展促使品质显著提升;"一带一路"倡议的深化拓展了国际市场渠道;中欧班列的常态化运营则为核桃出口提供了稳定、高效的物流保障,共同推动我国核桃在国际市场上的份额持续扩大。

第五节　几点启示

通过以上分析,我国核桃产业需以全链条升级破解"大而不强"的困局:种植端优化结构与技术赋能,针对品种混杂、管理粗放问题,需推进云南'漾濞泡核桃'、新疆'温185'等良种区域化布局,推广矮化密植与"宽行密株"模式,配套机械化修剪、水肥一体化技术,提升单产与品质。例如,中国南疆通过振动式采收机将采收效率提升3倍,云南用有机肥替代化肥提升土壤肥力;加工端延伸链条与价值挖掘:突破初加工占比超70%的瓶颈,重点发展核桃油、蛋白粉、功能性食品等高附加值产品,同时推动副产物利用,如陕西商洛将核桃壳加工为活性炭,附加值提升5~8倍;鼓励"公司+合作社"模式,如云南厚生生物科技有限公司建成年处理5万吨干果生产线,带动农户年均增收1800元;市场端品牌整合与渠道创新:依托"云南深纹核桃"等区域公共品牌整合资源,结合"漾濞泡核桃"地理标志文化营销,提升溢价能力。电商渠道方面,借鉴抖音直播带货经验,同时拓展山姆会员店等高端渠道,形成"高端树形象、下沉扩规模"格局;政策与科技协同保障,完善"价格指数保险"以稳定种植收益,加大农机研发投入(如便携式采收机覆盖丘陵山区),并通过"乡村振兴人才计划"培养专业化队伍,缓解老龄化与技术缺口,依托"一带一路"深化国际合作,2023年我国核桃出口量增长70%,中欧班列已成为物流支撑,未来可进一步拓展中亚、中东市场。

第二章

核桃产业发展外部环境

第一节 政策环境

一、国家层面相关政策

（一）战略定位与政策导向

核桃产业作为我国木本油料的重要组成部分，长期以来受到国家政策的高度重视。2010年中央一号文件首次将核桃列为"木本油料"，明确其保障国家食用油安全的战略地位。2014年，国务院办公厅印发《关于加快木本油料产业发展的意见》，进一步将核桃与油茶并列为核心发展对象，提出到2025年实现木本油料产业产值翻番的目标。2021年，全国人大代表提出"支持木本油料树种——核桃产业发展的建议"，强调核桃产业在保障国家食用油安全、巩固脱贫攻坚成果和实现乡村振兴中的重要作用。2023年和2024年中央一号文件分别强调"支持木本油料发展""支持发展油茶等特色油料"，进一步明确了核桃产业在国家农业发展战略中的重要地位。

（二）具体扶持措施

国家通过一系列财政补贴、税收优惠和农业保险政策，为核桃产业的发展提供了强有力的支持。在财政补贴方面，国家实施核桃低产园改造直补政策，对良种嫁接、集约化经营提供全流程补助。例如，2024年，中央财政对核桃产业集群的奖补资金增至5亿元，重点支持新疆、云南等主产区的基础设施建设和深加工技术研发。在税收优惠方面，国家对核桃深加工企业减免所得税的政策延续至2025年，并新增对有机认证企业的税收优惠，鼓励企业向高附加值产品转型。此外，农业保险覆盖范围进一步扩大，针对干旱、冻害等自然灾害的保费补贴比例提高至60%，有效降低了种植户的风险，增强了产业的抗风险能力。

二、各级政府层面相关政策

（一）云南

云南作为我国核桃种植面积最大的省份，近年来通过一系列政策推动核桃产业高质量发展。2024年，云南发布《核桃产业高质量发展三年行动方案》，计划到2025年实现全产业链产值1000亿元的目标。该方案提出，通过财政贴息、加工奖补、品牌建设等11条"硬措施"，支持核桃产业的提质增效和转型升级。具体措施包括：支持核桃低产园改造、推广标准化种植技术、建设现代化交易市场、提升核桃油生产能力、加强副产物综合利用等。此外，云南还整合科研资源和资金项目，推动核桃全产业链科技创新，重点支持核桃油提取技术和功能性食品开发。

（二）四川

四川以"天府森林粮库"战略为核心，推动核桃等木本油粮产业的发展。2024年，四川提出"天府森林粮库123工程"，计划到2030年盘活1亿亩林地，生产"林粮"2000万吨，实现产值3000亿元。核桃作为"三棵树"之一（核桃、油茶、油橄榄），将在未来几年内实现种植面积和产量的双增长。四川还通过政策引导，推广"果材兼用"栽培模式，优化林地资源配置，提升核桃产业的综合效益。此外，四川省政府还设立了专项资金，支持核桃深加工技术研发和品牌建设，推动核桃产业向高附加值方向转型。

（三）新疆

新疆是我国核桃出口的主要产区，近年来通过政策支持和技术创新，推动核桃产业的提质增效。2024年，新疆依托中央财政3.5亿元的支持，建设薄皮核桃产业集群，推广早实核桃宜机化种植技术，提升机械化水平。新疆还通过政策引导，支持核桃深加工企业的发展，重点开发核桃油、核桃蛋白等高附加值产品。此外，新疆还加强了与国际市场的对接，推动核桃产品的出口，提升新疆核桃在国际市场的竞争力。

第二节　技术环境

一、品种创制技术

核桃育种技术的进步是推动核桃产业高质量发展的关键环节。近年来，我国在核桃育种领域取得了显著进展，尤其是在分子生物学和优异基因挖掘方面，为突破性良种培育奠定了较好基础。

（一）分子生物学辅助育种

随着人们生活水平的提高，消费者对核桃品质的要求日益严苛，不仅追求果实饱满、口感香脆、营养丰富，还对核桃的外观和保存性有一定要求。这促使核桃育种技术朝着提升品质的方向发展。通过分子生物学辅助育种等技术，科研人员深入挖掘与品质相关的优异基因，致力于培育出更契合消费者口味和营养需求的新品种。例如，新疆农业科学院成功组装完成2套高杂合野生核桃的高质量单倍型基因组，基因组大小分别为562.99Mb和561.07Mb，分别注释出高可信度基因41039个和39744个。这些研究成果为品质相关基因的挖掘提供了有力支撑，进而有效推动了核桃品种品质的改良。

（二）种质资源的深度开发与抗逆基因挖掘

我国在核桃种质资源的收集和评价方面成果斐然。云南全面调查核桃资源后，建成了全球最大的深纹核桃种质基因库。在此基础上，选育出避晚霜、加工专用和适宜低海拔发展的良种。丰富的种质资源为挖掘抗逆基因提供了素材。科研人员将这些抗逆基因引入育种过程，培育出适应不同生态环境的核桃新品种，满足市场对核桃稳定供应的需求。这些良种显著提高了核桃的抗逆性和适应性，降低了栽培风险，为核桃产业的可持续发展筑牢根基。

（三）杂交育种与新品种选育

杂交育种能够实现核桃诸多优良性状的聚合。研究人员通过杂交育种，培育出多种适应不同气候条件的核桃品种，有效提高了单位面积的经济效益。

2024年，成功推出如'洛核1号'等高抗病性和抗逆性强的核桃新品种。同时，新型嫁接技术不断涌现，像夏季颈状芽带木质部芽接和秋季闷芽嫁接技术，不仅提高了嫁接成活率，还延长了嫁接时间，实现了全生长期嫁接，为核桃规模化种植提供了坚实的技术支撑。

二、丰产栽培技术

2024年，核桃栽培技术在土壤改良方面取得新突破，通过增加有机物料施用并结合生物炭改良剂，显著改善土壤结构，提升肥力和保水性。同时，精准施肥系统的应用，依据土壤养分和核桃需求定制施肥方案，提高肥料利用率，减少环境污染。在水分管理上，雨水收集利用系统与智能灌溉技术相结合，满足核桃生长用水需求，降低灌溉成本。

病虫害防治技术也迎来革新，生物防治与物理防治双管齐下。生物防治运用害虫天敌和微生物农药，物理防治借助防虫网、粘虫板和诱虫灯，降低化学农药使用量，保护生态平衡。

三、绿色加工技术

在政策驱动与市场需求的协同作用下，核桃绿色加工技术发展态势向好。政策层面，国家环保政策趋严，促使企业探索绿色生产模式。云南等地政府通过设备购置补贴、税收减免等措施，支持企业绿色转型，有效降低创新成本，激发研发团队积极性。以"水代生态制取核桃油"技术为例，该技术在云南广泛应用后，不仅提升了出油效率、降低了成本，还减少了环境污染，实现了经济效益与环保效益双赢。

市场需求为核桃绿色加工技术注入强劲动力。消费者环保与健康意识提升，对绿色核桃制品需求激增。云南研发的"水代生态制取核桃油"技术，凭借减少化学试剂使用、契合绿色食品标准的优势，满足市场对健康食用油的需求；低温冷榨工艺则通过保留90%以上多不饱和脂肪酸，提升产品营养价值与竞争力。

在核桃蛋白利用领域，市场导向作用显著。健康食品市场扩容，富含核桃蛋白活性肽的功能性食品备受追捧。云南农业大学研发的高效溶解技术与固态发酵法，提高核桃粕利用率，丰富产品种类，推动产业向高附加值、绿色化发展。

智能化加工设备也是核桃绿色加工的关键。新疆核桃加工项目突破原料预处理智能化一体化技术，实现清洗生产自动化，提升效率、降低成本，同时减少能耗与排放。项目构建的品质评价体系，以及开发的高品质休闲食品和高附加值产品，进一步延伸产业链，体现市场需求对技术创新的促进作用。

第三节　市场需求

一、核桃种苗市场需求

2024年，核桃种苗市场呈现平稳态势，需求结构向特色化与多元化转变。在种植面积总体稳定背景下，传统大众核桃苗木需求持续低迷，而以红仁核桃为代表的特色优质种苗市场需求渐长。陕西、山西、云南等地红仁核桃种植面积稳步增加，如北京紫京核桃科技开发有限公司推出的紫京核桃，以其紫树、紫花、紫叶、紫果、紫仁的特色，在云南、河北、山东、山西、新疆等地引种栽培成功并带来良好收益，成为市场亮点。

消费者健康意识提升及偏好变化，推动市场对高产、抗病虫害、品质优良的优新品种种苗需求上升，种植者在选择种苗时，越发关注其区域适应性和管理简便性。国家政策的有力推动成为种苗市场需求变化的关键因素。核桃低产园改造直补政策的实施，激发了市场对良种苗木及接穗的需求活力。新疆薄皮核桃产业集群项目在中央财政支持下，大力推广早实核桃宜机化种植技术，机械化率提升至70%，带动了耐旱、抗逆品种种苗采购增长。云南、四川等主产区通过政策引导，鼓励种植者采用良种嫁接技术，进一步刺激了优质种苗市场需求。

总体来看,核桃种苗市场需求的深刻变化,映射出消费者对高品质核桃产品的热切追求以及种植者对科学化管理的高度重视。展望未来,在技术进步与政策支持的双重驱动下,核桃种苗市场有望迈向更高质量的发展阶段,为核桃产业的可持续发展筑牢根基。

二、核桃坚果市场需求

2024年,我国核桃坚果市场需求呈现高端化、场景化和国际化趋势。高端化方面,随着消费者对健康食品的关注度提升,高品质核桃坚果的需求量大幅增长。红仁核桃因花青素含量高、抗氧化功能突出,成为核桃鲜食市场的热门产品,价格较普通品种高出50%。其口感鲜嫩脆甜,富含多种维生素和矿物质,适合孕妇、婴幼儿及老年人食用,市场需求量逐年攀升,甚至出现"一核难求"的现象。此外,新疆'温185'核桃因其缝合线较松、易出整仁的特点,成为炒制坚果的主要原料,占北方市场销量的40%。炒制核桃坚果因其独特的风味和口感,在天津、广东等地广受欢迎,市场需求量稳步增长。

消费场景多元化方面,年轻消费者偏好即食包装的核桃坚果,推动了电商渠道的快速发展。2024年,电商渠道在核桃坚果销售中的占比提升至35%,成为重要的销售渠道之一。天猫、京东等电商平台通过"双十一""618"等促销活动,大幅提升了核桃坚果的销量。鲜食核桃以其独特口味深受消费者喜爱,售价甚至比干果还高,消费市场不断扩大,陕西西安更是出现了产销两旺的繁荣景象。

国际化趋势方面,我国核桃坚果出口量逐年增长,2025年预计达到22万吨,主要出口市场为吉尔吉斯斯坦等国家和欧盟地区。新疆"未去壳核桃"因品质优良、价格适中,出口占比超70%。然而,国际贸易壁垒的增加对核桃坚果出口形成了一定挑战。例如,欧盟新规将核桃坚果的重金属残留标准提高了50%,部分中小企业因无法满足标准而出口受阻。因此,国内企业需加强质量管控,加快国际认证(如ISO 22000)与绿色供应链建设,以提升产品在国际市场的竞争力。典型案例中,"六个核桃"通过"3·6·36"采购标准(三大产区、六大检测指标、三十六项理化指标），年采购核桃超10万吨，成为行业标杆。其产品不仅在国内市场广受欢迎，还成功打入国际市场，出口至东南亚、欧洲等地区。

三、核桃仁产品市场需求

消费者对健康食品的偏好推动了高品质核桃仁的需求，尤其是原味核桃仁，因其天然、无添加属性，需求量逐年上升。在快节奏的生活中，核桃仁作为便携零食，满足了人们在办公室、学校和户外活动中的营养需求。食品加工行业对核桃仁的需求也在增加。烘焙和糖果制品中，核桃仁被广泛用于制作糕点、饼干、巧克力等，其独特的口感和风味提升了产品的市场吸引力。餐饮行业同样对核桃仁有稳定需求，凉菜、热菜和甜品中常见核桃仁的身影，满足了消费者对多样化饮食的需求。

人口老龄化趋势下，老年人群体对具有保健功能的核桃仁产品需求日益增加，促使企业开发核桃营养粉、核桃蛋白粉等产品。品牌推广和宣传活动进一步增强了消费者认知，刺激了市场需求。国际市场对核桃仁的需求也在扩大，我国核桃仁产品在东南亚、中东和非洲等地区市场份额较高，并逐步进入欧美市场。技术创新提高了核桃仁的附加值，开发出核桃粉、能量棒等新产品，同时生物技术的应用保障了产品质量安全。尽管面临市场竞争和国际贸易壁垒等挑战，健康饮食趋势和消费升级为核桃仁市场带来了新机遇。企业需通过创新和提升质量来满足消费者需求，在市场中保持竞争力。

综上所述，核桃仁及其衍生产品市场需求稳步增长，未来有望继续扩大。企业需把握市场机遇，实现可持续发展。

四、核桃油市场需求

核桃油富含不饱和脂肪酸，尤其是Omega-3脂肪酸，能有效降低胆固醇、预防心血管疾病；同时，核桃油还含有丰富的维生素E和多酚类化合物等抗氧化物质，具有延缓衰老、增强免疫力的功效。这些突出的营养价值，使其市场需求持续旺盛，2024年市场规模已突破50亿元，年增长率达18%。在应用方面，核桃油适用场景广泛，既可用作烹饪用油，也适合凉拌、制作沙拉和蘸料，独特的风味与营养价值使其成为健康饮食的优质选择。此外，在食品加工领域，从烘焙到糖果制作，再到坚果酱生产，核桃油的应用日益普及，充分满足了消费者对高品质食品的需求。

随着健康饮食理念深入人心和人口老龄化加剧，核桃油在餐饮行业和保健食品市场的需求持续攀升。在高端餐饮中，它常作为特色调味油以提升菜品品质；在保健食品领域，核桃油被制成软胶囊、营养粉等产品，精准满足老年人群的健康需求。在国际市场上，中国凭借资源与成本优势，成为核桃油主要生产国之一。中国产核桃油在东南亚、中东和非洲等地区占据较高市场份额，并逐步打开欧美市场，其高品质和天然健康特性备受国际消费者青睐。未来，核桃油市场将朝着更高品质、更多样化方向发展。企业需聚焦产品创新，开发契合消费者需求的新产品，同时强化品牌建设与质量管控，积极应对市场竞争和突破国际贸易壁垒，以在持续扩大的市场需求中抢占先机。

五、核桃蛋白市场需求

随着消费者对健康食品的需求攀升，核桃蛋白市场呈现稳步增长态势。其蛋白质含量高达42%～54%，兼具良好吸水性，在食品加工领域展现出极强的多功能性：用于烘焙时，可优化面包、饼干等产品的面团结构；应用于高端糖果、零食，能制作核桃蛋白能量棒、软糖等健康零食。此外，核桃蛋白粉与核桃肽不仅是健身人群、运动员的优质蛋白补充剂，还被纳入婴幼儿配方食品，提供全面营养。结合益生菌的核桃蛋白饮料、酸奶，因能改善肠道健康、增强免疫力，市场规模随健康饮食趋势不断扩容。数据显示，2023年，中国核桃蛋白粉市场规模达4.2亿元，同比增长12.5%，预计在2025年将增至5.8亿元，复合年增长率15.7%；核桃蛋白肽市场在2024—2032年，预计以10.38%的复合年增长率，从0.29亿美元增长至0.65亿美元。

在医药领域，核桃蛋白因具备抗氧化、抗炎、降血脂等生物活性，成为药物及保健品开发的新热点,广泛应用于免疫调节制剂、抗炎抗氧化药物及营养补充剂的研制。化妆品与护肤品行业同样对核桃蛋白青睐有加,其提取物被添加至面霜、精华液、面膜等产品中,可发挥保湿、抗氧化、抗衰老等功效;应用于护肤产品与化妆品时,天然环保的特性更契合消费者偏好。伴随中国化妆品市场的增长,2023年零售总额达4142亿元,同比增长5.1%,预计到2025年护肤品市场规模将达3500亿元左右,年复合增长率7.99%,核桃蛋白的应用前景广阔。未来,核桃蛋白市场将向更高品质、更多样化方向迈进。企业需通过创新研发,推出核桃蛋白与其他植物蛋白的混合产品,并借助低温酶解、超微粉碎等技术提升产品品质与附加值。随着全球经济发展和贸易自由化,国际市场需求日益增长,企业需同步加强产品质量管控与品牌建设,以抢占更大市场份额。

六、核桃副产物市场需求

核桃副产物是指在核桃加工过程中产生的各种副产品,包括核桃枝叶、核桃青皮和核桃壳等,这些副产物具有广泛的应用价值。核桃枝叶可以用作牲畜饲料或制作堆肥,起到养分循环和资源利用的功效。核桃叶提取的精华也可以用于美容护肤产品中,具有保湿、抗氧化、抗衰老等作用。核桃青皮和核桃叶中含有丰富的芳香物质和抗氧化物质,可用于食品加工中的香精、调味料等产品的生产。此外,核桃叶还可以制作成果茶、核桃叶饮料等健康饮品。核桃壳含有丰富的木质纤维素,可用于生物质能源生产,如生物质颗粒燃料等。核桃壳还可以用于制作活性炭、木质素等化工产品。核桃壳中含有丰富的抗氧化物质和生物活性物质,具有一定的药用价值,核桃壳提取的核桃多酚可以用于制备保健品和药物,具有抗氧化、抗炎、降血脂等作用。核桃壳可用于制作天然的去角质磨砂膏,具有去除皮肤角质、清洁毛孔的功效。总的来说,核桃副产物在农业、工业、医药保健、食品加工和美容护肤等领域都有一定的市场需求。随着人们对资源综合利用和可持续发展的重视,核桃副产物的市场需求有望进一步增加。同时,科技创新和产品开发也将为核桃副产物的利用提供新的机会和前景。

在医药领域，核桃壳多糖、果皮多酚、分心木黄酮及酚酸类物质，具备抗氧化、抗炎、降血脂等生物活性，为功能性食品与保健品开发提供了丰富原料，市场需求不断走高。

在食品加工领域，核桃壳与果皮提取的天然棕色素，因溶解性、耐光耐热性和稳定性良好，被应用于食品添加与化工染色，兰州沃特莱斯、甘肃益生祥等企业已推出相关产品；核桃叶与果皮的芳香物质，则用于制作果茶、核桃叶饮料等健康饮品及香精调味料。

在美容护肤领域，核桃壳提取的多糖、多酚类物质，兼具抗氧化、抗炎与保湿功效，可用于面霜、精华液等护肤品；从核桃壳中提取的天然棕色素可用于粉底液、口红等化妆品；核桃壳与果壳还可制成天然去角质磨砂膏，清洁护肤效果显著，均因天然环保属性受消费者喜爱。核桃副产物市场需求多元且增长稳健。未来企业需持续创新、提升品质，以顺应市场需求，推动产业高质量发展。

第四节　国内外同行业比较优势与劣势

我国核桃良种选育起步晚于欧美，20世纪60年代初才开启相关工作，20世纪80年代末期首批自主培育的早实核桃良种问世，推动品种化栽培进入快速发展阶段。目前，我国已培育出200多个核桃品种。美国在核桃良种选育领域全球领先，早期栽培品种如'Franquette'源自法国，'Payne''Hartley'则是1898年和1915年在美国本土通过实生树优良性状筛选培育而成的。随着美国农业部对核桃育种项目的重视，美国又陆续推出'Vina''Chandler''Howard'等良种，其中Sexton、Gillet等品种还获得专利保护。

在品种特性方面，我国核桃品种在丰产性、出仁率等指标上不逊于美欧品种，但坚果品质在一致性、果仁色泽等方面有待提升。例如，美国'Chandler'

'Howard'等品种坚果形状接近"钻石形"，便于带壳销售，这也是其核桃出口量领先的原因之一。美国核桃主产区加利福尼亚州立地条件平整肥沃，栽培品种以"早实"类型为主，无"晚实"类型；我国除新疆外，多数产区立地条件和生态类型复杂多样，早实与晚实品种各有优势。在近年劳动力成本上升的背景下，耐粗放管理的晚实品种更受市场青睐。育种代际上，我国核桃杂交育种多处于2~3代，而美国已达6代以上（如'Sexton[P]'品种），其品种改良在目的性和多基因融合性上更具优势。

鲜食核桃品种选育近年在我国日益受重视，已育成'清脆''中核4号'等专用品种，同时大果、壳薄的干制品种（如'礼品2号''温185'等）也被用于鲜食，丰富了产品类型并缓解了销售压力。砧木研究方面，美国早期采用北加州黑核桃与核桃种间杂交种奇异核桃作砧木，提升嫁接品种抗逆性和丰产性，但实生繁殖的砧木后代易出现变异，影响一致性。近年通过育种和微繁技术，美国已实现优良砧木无性系全株栽培。我国核桃砧木研究与应用起步较晚，传统繁育多采用本砧，随着中宁系列砧木品种的问世与应用，我国在该领域有望取得新进展。

表2-1 我国部分品种与美国品种对比

品种	早晚实	壳厚（毫米）	坚果重（克）	核仁重（克）	出仁率（%）	来源	杂交年份	发布年份	开花类型
香玲	早实	0.9	12.2	7.80	65.4	杂交	1978	1989	雄先
鲁光	早实	0.9	16.7	9.20	59.1	杂交	1978	1989	雄先
温185	早实	0.8	15.8	10.40	65.9	实生	—	1989	雄先
新新2号	早实	1.2	11.6	6.20	53.2	实生	—	1990	雄先
辽宁1号	早实	0.9	9.4	5.60	59.6	杂交	1971	1989	雄先
辽宁4号	早实	0.9	11.4	6.80	59.7	杂交	1971	1989	雄先
礼品2号	晚实	0.7	13.5	9.10	67.4	实生	—	1995	雌先
中林1号	早实	1.0	14.0	7.50	54.0	杂交	—	1989	雄先
中林5号	早实	1.0	13.3	7.80	58.0	杂交	—	1989	雄先
Payne	早实	1.3	15.2	7.33	48.3	实生	—	—	雄先
Hartley	早实	1.4	15.6	7.12	45.6	实生	—	—	雄先

续表

品种	早晚实	壳厚（毫米）	坚果重（克）	核仁重（克）	出仁率（%）	来源	杂交年份	发布年份	开花类型
Vina	早实	1.3	14.6	7.09	48.4	杂交	—	—	雄先
Tehama	早实	1.4	15.2	7.51	49.4	杂交	—	2010	雄先
Serr	早实	1.2	16.8	9.60	57.0	控制杂交	—	—	雄先
Chandler	早实	1.3	14.0	6.42	46.0	杂交	—	—	雄先
Howard	早实	1.4	14.8	7.59	51.4	杂交	—	—	雄先
Tulare	早实	1.1	13.5	7.35	54.4	杂交	1966	—	雄先
Sexton[P]	早实	1.5	19.0	9.87	51.9	杂交	1990	2004	雄先
Gillet[P]	早实	1.3	16.5	7.81	47.3	杂交	1995	2004	雌先
Forde[P]	早实	1.6	18.2	9.08	50.0	杂交	1995	2004	雌先
Ivanhoe	早实	1.2	13.3	7.24	54.4	杂交	1995	2010	雌先
Solano	早实	1.3	15.33	8.41	54.9	杂交	1995	2013	雄先

注：P为专利保护品种。

一、核桃栽培技术方面

（一）栽培模式

我国核桃园以纯园栽培和农林间作模式为主，但因配套技术滞后、管理粗放，普遍存在果园郁闭、树形紊乱等问题，导致产量低、品质不均、效益欠佳。仅良种良法配套且管理规范的园地，可实现优质丰产与较高收益。

美国及澳大利亚等核桃新产区采用纯园栽培模式，集约化管理程度极高。数据显示，美国核桃栽培面积242.8万亩，带壳核桃销量17.2万吨、核桃仁25.5万吨，按50%出仁率折算坚果总产量约68.2万吨，亩产达280.9千克，远超2021年世界平均亩产205千克的水平。同期，我国核桃种植面积1.12亿亩，年产干果540万吨，平均亩产仅48.2千克，其中云南、新疆、四川、山西四大产区平均亩产分别为35千克、185千克、48千克、55千克，单位面积产量与美国差距显著。

品种选择上，我国侧重丰产性与坚果品质，常忽视品种适应性与抗逆性，加之果农缺乏专业指导，品种选择存在盲目性；美国因主产区集中于加州，气候适应性顾虑较少，更倾向晚发芽的抗病品种。

栽植树密度方面，我国片式栽培密度偏大，早实品种株行距多为(4~5)米×(5~6)米，而美国普遍采用8米×8米以上低密度栽植。我国核桃园土壤和立地条件都不及美国，并且密度过大不仅影响成龄树通风透光，还制约机械化集约管理，导致病虫害增多、管理成本上升。

（二）土肥水管理

我国核桃栽培受"耐瘠薄、适应性强"等传统理念误导，对优良品种特性认知不足，许多核桃园选址于立地和肥水条件较差地块，叠加后期投入与管理不足，普遍存在肥力匮乏问题，在早实品种建园的园地尤为显著。土壤管理以清耕为主，为降低人工成本多依赖除草剂控草；随着技术推广与观念转变，园内生草和覆盖技术逐渐应用并获种植者重视。肥水管理方面，受投入成本高、核桃价格下行等因素影响，施用有机肥的果园减少，多结合浇水少量施用化肥甚至不施肥；灌溉以漫灌为主，管理规范果园采用滴灌等节水设施，部分配备肥水一体化系统。

美国作为核桃栽培管理领先者，已普遍建立叶片营养诊断分析服务站，核桃园喷灌、滴灌、微喷灌等灌溉设备齐全且自动化程度高，实现了水、肥、土一体化精准管理。

（三）病虫害防治

我国在核桃黑斑病、炭疽病、腐烂病等主要病害防控方面取得新进展，防治手段包括农业防治（适地适树、通风透光、清理病源）、物理防治（杀虫灯、粘虫板等），但多数果园仍以化学防治为主。近年政策推动与环保意识提升，低毒化学农药、生物农药及微生物菌剂应用增加，但防控机制尚未完善，普遍遵循"发现病害再防治"模式，违背"预防为主"原则，常因错过最佳时期导致防治效率低下。

美国核桃生产注重抗病抗逆品种及砧木的选育应用，且病害防控服务体系完善。例如，针对细菌性黑斑病，多家科研单位开发的Xantho Cast预测模型可结合田间数据（温度、湿度、病菌数量等）进行精准预测预报，Agtelemetry

网站亦为种植户提供科学防控信息与方案,通过"预测—指导—防治"闭环实现病害有效控制。

(四)农业机械发展

我国核桃产业在机械化应用方面虽随科技水平提升实现农艺农机融合发展,喷药机(无人机)、割灌机、旋耕机等通用设备已较好普及,但专用机械研发与应用短板显著:整形修剪机械仍处于试验研发初期,虽有电动修枝剪、多功能作业平台试点应用,但自动化、智能化成套设备尚未成熟;采收及采后处理机械(如采收机、脱皮清洗机等)逐步从试验转向生产应用,效率提升明显,但全链条专属机械与智能化水平仍待突破。

对比美国,其核桃园在土壤管理、灌溉、施肥、修剪、喷药、采摘至加工的全环节均实现机械化,形成集约化经营典范。美国更从品种、栽培到加工、品控构建标准化体系,保障产品品质,奠定其全球产业主导地位。我国虽在产前产后机械化取得进步,但全流程机械化程度与美国相比差距显著。

二、核桃加工技术方面

我国核桃加工已形成完备产业链,技术水平领先全球。在深加工领域,超临界CO_2萃取技术使核桃油得率提升至95%以上,且完整保留不饱和脂肪酸等营养成分;用膜分离与微胶囊包埋技术制备的核桃乳,有效解决了传统产品稳定性差、易分层的难题;超微粉碎技术将核桃粉碎至微米级,开发出高附加值核桃粉,广泛应用于烘焙、冲饮等领域。以核桃仁为原料,通过美拉德反应、低温烘焙等工艺创新,制作出琥珀桃仁、核桃蛋白棒等百余种休闲食品。更值得关注的是,我国在副产物利用上实现突破,利用核桃青皮提取的萘醌类化合物用于生物农药,核壳加工成活性炭、磨料等高值化产品,资源综合利用率达98%。

相比之下,多数国家的核桃加工仍以机械取仁的初加工为主,仅美国、澳大利亚等少数国家开展小规模制油产业,其他精深加工产品极为稀缺。这种技术与产品结构差异,使我国核桃肽、核桃膳食纤维等高附加值产品在国际市场具备显著竞争优势,为扩大出口、提升全球市场份额创造了战略机遇。

第五节　几点启示

　　我国核桃产业需以政策为导向、技术为支撑、市场为纽带，构建"全链条协同升级"的发展格局。在品种培育上，应依托云南深纹核桃种质库等资源，加快分子标记辅助育种与抗逆基因挖掘，缩小与美国在品种在一致性和抗逆性上的差距，尤其要加强鲜食核桃与耐储品种的研发，满足消费场景多元化需求。种植管理方面，需借鉴美国"低密度种植+精准化水肥"模式，推广"果材兼用""林粮复合"等生态栽培技术，破解我国亩产低下与管理粗放的痛点，同时加快小型智能化农机研发，提升丘陵山地的机械化覆盖率。加工领域要巩固绿色技术优势，拓展核桃蛋白、生物基材料等高附加值产品，建立与国际接轨的质量标准体系，应对欧盟等市场的技术性贸易壁垒。此外，需强化"区域公用品牌+企业品牌"双轮驱动，通过跨境电商与"一带一路"沿线市场布局，将我国深加工技术优势转化为国际市场竞争力，最终实现从"种植大国"向"产业强国"的跨越。

第三章

核桃产业发展重点区域

第一节　云南核桃产业发展情况

一、产业总体情况

云南作为我国核桃主产大省，拥有800多年核桃栽培历史，2023年核桃种植面积达4300万亩，占全国核桃种植总面积的40%左右。云南的种植面积、产量（198.75万吨）、综合产值（588亿元）均居全国首位，已发展成为全球最大的核桃种植与生产基地。在省内，核桃是种植面积最大的经济林作物。云南省129个县（市、区）中，有116个县（市、区）形成核桃规模化种植，有12个县（市、区）种植面积超100万亩，有25个县（市、区）超50万亩。据云南省林业和草原局统计，大理、临沧、楚雄、保山、丽江、昭通和曲靖7个州（市）核桃种植面积均在200万亩以上，累计种植面积3192万亩，占全省总面积的74.23%，是云南核桃重点发展区域。其中，大理11个重点县种植面积984万亩，占总面积的22.88%；临沧5个重点县种植面积591万亩，占总面积的13.74%；楚雄4个重点县种植面积434万亩，占总面积的10.09%；保山3个重点县种植面积371万亩，占总面积的8.63%。核桃产业已成为云南重要的、涉及面广、极具发展潜力的高原特色产业。

在经营主体方面，云南从事核桃产业的企业有6671家，包括2家国家级龙头企业（云南摩尔农庄生物科技开发有限公司、永平县果亮农副产品有限责任公司）和65家省级龙头企业；农民专业合作社4302户，其中省级示范社105户；个体工商户7316户。2023年，全国核桃壳果出口15.18万吨，核桃仁出口6.64万吨，其中注册地为云南省的壳果出口量为2515吨、仁出口量为2977吨，分别占全国出口量的2%、4%，主要出口国为阿联酋、吉尔吉斯斯坦、越南、沙特阿拉伯、伊拉克等。

二、存在主要问题

（一）单产低，单价低，成本居高

云南核桃90%以上种植在山区，生产道路、水电等设施滞后，生产成本高；品种混杂，粗放管理，目前平均亩产干果仅56千克，远低于新疆亩产214千克，且优果率不到60%。人工采收为主，采收后机械化程度仅20%~30%，生产成本高。核桃产量不断增加，单价却从2017年的30元/千克下跌到2020年的10元/千克，目前回升到12元/千克左右。

（二）加工弱，产品少，产业链短

以传统的干果、果仁产品为主，功能性油脂、蛋白产品少，精深加工产品少，且市场销售不畅，青皮、壳、分心木等副产物几乎没有利用。研发与消费习惯相适应、市场前景良好的新产品创新不够；精深加工不足，加工率仅12%，农业产值与加工产值比仅为1∶1.07，产业链条短，附加值低。

（三）主体小，品牌弱，市场面窄

2023年，国家级龙头企业仅2家，总产值不到15亿元；千吨以上核桃油加工企业仅有16家，产值上亿元的仅1家。品牌知名度不高、影响力不大，云南核桃产品销售渠道窄、市场份额小。

三、提质增效区域措施

（一）强化政策保障

在2022年云南省人民政府办公厅印发《云南省林草产业高质量发展行动方案（2022—2025年）》和云南省委农办、农业农村厅、工业和信息化厅、林草局联合印发《云南省核桃产业高质量发展三年行动方案（2023—2025年）》的基础上，2024年9月23日，永平县召开了云南省核桃坚果产业现场推进会。会议指出云南省委、省政府高度重视核桃产业，出台三年行动方案，坚定不移做强做优核桃坚果产业。会议强调：一产是基础，要稳面积、提品质、降成本，分类施策，稳控种植面积，加快产业提质增效，提高优果率、水洗果率，加强采摘、剥壳实用机械研发应用，降低采收成本；二产是关键，要生产油料产品、休闲食品、蛋白制品，推动榨油技术装备迭代升级，充分利用附属产品，降低产油成本，开发多样化产品，加大宣传推介，激发群众消费意愿；三产是后盾，要加强市场建设、主体培育、业态拓展，整合壮大现货交易市场，发展线上市场，积极抢占国际市场，整体打造云南核桃坚果品牌，积极服务经营主体，培育一批龙头企业和"专精特新"企业，同时因地制宜发展林下经济，推动农文旅融合发展，丰富产业业态。

（二）改进基地管理措施

针对核桃种植基地树体高大、果园郁闭导致单产低的问题，2024年云南省林草局统筹9000万元，在全省46万亩核桃基地主推"泡核桃疏密降冠促丰技术"，开展疏密降冠修剪，辅以无人机药、肥、粉一体化喷施技术提高单产。改造后亩产青果769.3千克，未实施该技术的基地亩产青果103.39千克，产量提高644.1%，后续将加强管理，做实"双绑"机制，加快核桃基地向组织化、集约化、专业化方向迈进。

（三）提高初加工水平

为提升原料供给质量，提升产品品相和品位，实施核桃产地初加工标准化生产线示范项目，实现核桃脱青皮、清洗、干燥、除空瘪果、分级、包装一体化、标准化，着力提升主产区标准化初加工能力。自2018年以来，云南省政府投入2亿多元，建成350多条初加工示范生产线，覆盖了200万亩核桃丰产基地，通过云南核桃坚果初加工机械一体化项目的实施，核桃的均一性、商品性和品质都得到了极大提升，卖价高出1~2元/千克。仅脱青皮环节，单个示范点每天即可节约支出上万元。云南省通过推动核桃初加工机械化进程，提升了核桃产品质量，促进了产业增效、林农增收，为实现核桃产业高质量发展奠定坚实基础，推动了核桃产业发展。

（四）延伸产业链条

持续提升产地初加工水平，继续实施核桃初加工机械一体化生产线建设等产地初加工示范项目，提升标准化初加工能力，扩大初加工辐射范围。加快核桃产业园区建设，申报2个以上核桃产业园区为国家林业产业示范园区，创建和认定3~5个省级核桃产业示范园区；聚焦核桃采摘机械、破壳取仁设备、冷链仓储、核桃油保鲜技术等关键环节，开展科技攻关；加快水代生态取油大型设备生产应用，促进核桃油加工企业达产扩能；加快精深加工多元化，坚持市场导向，加强休闲食品、乳制品、蛋白产品、活性炭、超细粉、猫砂、环保袋等产品的开发利用，延长核桃产业链。

（五）拓展销售渠道

强力推进质量品牌建设，制定完善核桃质量评定系列标准，构建产品质量安全追溯管理体系，推动云南深纹核桃、云核等公用品牌创建，培植开发漾濞核桃、大姚核桃等区域品牌；持续强化核桃生产"三品一标"建设。通过财政贴息、产业基金、金融贷款等方式，培育壮大一批现有核桃企业，积极申报认证国家级、省级重点龙头企业；聚焦核桃功能性油脂、休闲食品、蛋白产品等领域，加大招商引资力度，引进一批链主企业，加快在建核桃全产业链项目投产达产。在推进核桃产业升级发展中，加大宣传，突出绿色、安全、健康，加强公益宣传和商品营销，讲好云南核桃故事，让大众认识并爱上核桃产品；积极融合核桃元素发展乡村旅游，文旅融合、助农增收。加强核桃交易中心运营管理，鼓励社会资本参与，支持重点州（市）建立核桃交易市场；引导核桃企业开展产品国际认证和外贸业务，对外贸企业给予奖补扶持，强化核桃出口服务保障，支持核桃"专精特新"企业加强与国际商协会、外贸企业合作，不断拓展海外核桃消费市场。

第二节　新疆核桃产业发展情况

一、生产总体情况

（一）产业规模与区域布局

新疆核桃栽培历史悠久，是我国最早种植核桃的地区之一，2024年新疆核桃种植面积640万亩，总产量144.5万吨。从栽培区域划分来看，和田地区的和田县、和田市、墨玉县和洛浦县，喀什地区的叶城县、泽普县、莎车县，阿克苏地区的阿克苏市、温宿县、库车市、新和县、乌什县12个县（市）属于适生区。和田地区的皮山县、策勒县、于田县，喀什地区的麦盖提县、英吉沙县，阿克苏地区的沙雅县、阿瓦提县7个县属于次适生区。

南疆的阿克苏、喀什、和田是核桃的主要产区，2024年南疆种植面积629万亩，产量139.4万吨，占全疆核桃干果总产量96.5%。其中，阿克苏地区种植面积（271.0万亩）和产量（72.0万吨）居首位，较2023年分别增加了2.1%和11.9%；喀什地区种植面积202.5万亩，产量43.3万吨，较2023年分别增加了12.9%和25.8%；和田地区种植面积155.5万亩，产量24.1万吨，种植面积较2023年增加1.1%，产量与2023年相比，由于品种更新等原因，减少3.9%（见表3-1、表3-2）。县域层面，叶城县（64.21万亩）、温宿县（86万亩）、墨玉县（40.66万亩）单产水平普遍达到200~250千克/亩，部分标准化示范园亩产突破350千克。近年，新疆生产建设兵团核桃种植面积稳定在12万亩左右，其中，第一师3团2024年核桃种植面积为8.2万亩，亩产核桃350~400千克，核桃产量约3万吨。

新疆核桃品种已形成以'温185'（占比35%）、'新新2'（25%）、'扎343'（20%）和'新丰'（15%）为主栽品种的体系。其中，'温185'因壳薄（0.8毫米）、出仁率高（65%以上）成为阿克苏地区的主导品种，种植面积占比达59.2%；'扎343'则凭借抗寒性优势，在和田地区实现规模化推广。2024年，全疆良种化率达90%以上，叶城县、温宿县等重点产区良种覆盖率超过95%。

表3-1 新疆核桃主产区核桃种植面积变化情况

(万亩)

	2018年	2019年	2020年	2021年	2022年	2023年	2024年
阿克苏	217.7	220.9	241.4	248.6	249.0	265.5	271.0
喀什	157.4	157.4	157.4	179.3	179.3	179.3	202.5
和田	174.1	174.2	173.5	173.5	173.5	153.8	155.5

表3-2 新疆核桃主产区核桃产量变化情况

(万吨)

	2018年	2019年	2020年	2021年	2022年	2023年	2024年
阿克苏	35.1	43.8	50.4	55.0	60.0	64.4	72.0
喀什	26.0	27.9	29.4	28.8	33.3	34.4	43.3
和田	24.3	27.9	29.7	27.8	30.0	25.1	24.1

(二) 技术创新与生产模式

在生产技术领域，新疆核桃产业呈现出显著的现代化转型趋势。2024年，全疆核桃标准化种植面积突破200万亩，较2018年增长120%。阿克苏地区优质核桃基地推广"宽行"模式，株行距进行隔行隔株疏密调整，光照利用率提升30%，更利于机械化作业。喀什叶城县通过疏密改造工程，对9.44万亩过密果园进行间伐，单株产量提高15%。

在科技应用领域，阿克苏地区部分核桃园进行了水肥一体化技术示范，亩均可节水30%、节肥20%。在喀什地区，无人机飞防技术在叶城县、泽普县等主产区得到推广，农药使用量可减少40%。机械化水平显著提升，阿克苏地区引进圆盘锯，机械化修剪率得到提升；叶城县20余个农机合作社，采用振动式采收机后，采收效率较人工提高3倍，成本降低50%。

(三) 政策支持与产业链协同

在农业产业化与全产业链建设方面，新疆大力实施林果产业提质增效工程，在农业农村部、财政部的大力支持下，2020—2022年，新疆核桃产业被纳入国家优势特色产业集群（林果类）重点支持范围。新疆多地出台关于推进特色林果业提质增效的实施方案,提出重点扶持核桃主产县建设"生产+加工+科技"一体化产业园,对龙头企业给予用地、用电、税收优惠政策,并鼓励企业申报国家级农业产业化重点龙头企业。

在科技创新与品牌建设方面,新疆科技厅《2024年农业科技项目申报指南》中,将"核桃精深加工关键技术研发与示范"列为重点支持方向。新疆市场监督管理局联合农业农村厅于2024年启动"新疆好果"区域公共品牌提升行动,对通过绿色食品、有机认证的核桃企业给予认证费用补贴(最高50%),并支持企业参与国内外展会(展位费全额补贴)。

在联农带农与乡村振兴方面,新疆乡村振兴局2024年发布的《特色产业联农带农实施细则》中,明确要求核桃加工企业通过订单收购、入股分红、就业吸纳等方式带动农户增收。对带动100户以上脱贫户的企业,给予一次性奖励20万~50万元。依托中央财政衔接推进乡村振兴补助资金,南疆核桃主产县可申请资金用于核桃种植技术培训、小型加工设备购置等,单个县年度资金规模约1000万~2000万元。

在政策和资金支持方面,南疆地区核桃一二三产业呈现良好发展势头,特别是加工环节呈现集群化发展态势。全疆现有核桃加工企业200余家,年加工能力超20万吨。阿克苏裕农果业建成日处理3000吨青皮核桃全自动生产线,采用热泵烘干技术将含水率控制在8%以下,产品霉变率从传统晾晒的12%降至2%以下。喀什疆果果农业科技有限公司开发出脱衣核桃仁、益生菌风味核桃等20余种深加工产品,2023年销售额达3.5亿元,电商渠道占比突破40%。和田地区建成3座核桃期货交割库,年交易量突破10万吨,通过中欧班列出口至土耳其、吉尔吉斯斯坦等国。

二、存在主要问题

(一)生产环节结构性矛盾

品种结构单一化:部分主栽品种种植年限超过15年,树体出现早衰,树势变弱,加之栽培管理措施不到位,导致品质下滑。以'温185'核桃为例,2023年抽样检测显示，'温185'核桃果缝合线开裂率从2018年的5%升至12%，霉变率增加至8%。另外，核桃品种结构过度集中于仁用型（占比90%），缺乏鲜食型、榨油型专用品种。和田墨玉县仍有20%的实生树未完成嫁接改造，导致果园产量较嫁接改造果园低30%。标准化生产推进缓慢：小农户分散经营模式占比65%，管理粗放问题突出。调查显示，95%果园仍采用"大水漫灌"，节水灌溉技术推广缓慢。焦叶症等病害防控技术推广不足，2023年南疆地区发病面积达50万亩，减产约5万吨。机械化应用存在断层：关键环节机械化率不足40%，修剪、采收等作业仍依赖人工。阿克苏地区人工修剪成本达120元/亩，占生产总成本的35%；人工采收效率仅为机械化的1/5，且破损率高达10%。

（二）加工环节产业链短

初加工技术水平滞后：南疆地区40%种植户仍采用露天晾晒，核仁变色率超过15%。脱青皮设备普遍存在脱净率低（仅70%，而标准是95%）、能耗高等问题，初加工环节损失率达15%。叶城县部分合作社使用清洗设备水耗达3吨/吨核桃，超出行业标准1倍。精深加工能力薄弱：全疆精深加工企业仅占约10%，产品以核桃仁（85%）、核桃油（10%）为主。核桃蛋白提取率不足60%，多酚保留技术尚未突破，高附加值产品开发滞后。2023年，精深加工产值仅占全产业链的18%，远低于云南（35%）、山西（28%）等省（区、市）。副产物综合利用不足：每年产生青皮50万吨、硬壳30万吨，综合利用率不足10%，综合利用潜在价值大，分心木、隔膜等药用成分开发几乎空白。

（三）市场与品牌建设困境

销售体系效能低下：传统批发渠道占比60%，收购商压价常导致价格倒挂严重。2023年，阿克苏地区种植成本达12元/千克，农户利润率不足15%。电商渠道虽增长迅速（年增35%），但物流成本制约产品终端价格竞争力。品牌影响力碎片化：区域公共品牌多而散，阿克苏核桃、叶城核桃和田薄皮核桃并存，未能形成合力。企业品牌建设滞后，80%加工企业使用代工模式，自有品牌认知度最高者（"宝圆牌"）市场知晓率仅28%。产品包装同质化严重，90%的电商产品使用通用牛皮纸袋，缺乏差异化设计。国际市场拓展受阻：出口市场过度依赖中亚（65%）和俄罗斯（20%），欧美市场占比不足5%。技术壁垒突出，2023年抽检显示，欧盟农药残留标准达标率偏低，有机认证面积占比不足，物流陆运成本高于海运。

三、提质增效措施

（一）构建现代生产体系

实施品种改良工程：通过建设核桃种质资源库，保存优异种质，开展杂交育种，重点选育鲜食型和榨油型新品种，通过高接换优将主栽品种退化率控制在5%以内。推进全程标准化：制定《新疆核桃标准化生产规程》，明确从苗木繁育到采收的全流程标准。通过建设数字化示范基地，配置物联网监测系统和智能水肥决策系统，推动实现精准化管理。建立新型职业农民培训体系。突破机械化瓶颈：设立专项资金支持采收、修剪等专用装备研发。组建跨区域农机服务联盟，在主产县推广"全程托管"模式，对采购色选机等设备的企业给予补贴，力争综合机械化率有效提升。

（二）打造高价值加工体系

升级初加工基础设施：在重点产区建设产地初加工中心，标配热泵烘干房、光电色选机和冷链仓储设施，对农户和合作社购置脱青皮设备给予补贴，降低初加工损失率。突破精深加工技术：通过建设精深加工园区，重点发展冷榨核桃油、核桃蛋白粉、益生菌发酵核桃乳等产品。支持企业与科研机构共建实验室，开展科技攻关。实现副产物全利用：建设区域性副产物处理中心，形成青皮→单宁（用于皮革鞣制）、硬壳→活性炭、分心木→保健茶的全利用链条。对相关企业给予税费优惠，推动副产物综合利用率提升。

（三）构建高效市场体系

实施品牌提升战略：整合区域品牌，统一使用"新疆核桃"地理标志，建立包含感官指标、营养指标的质量分级体系。在各类媒体平台开展品牌推广，推动品牌价值进入全国区域公用品牌前列。创新流通模式：建设电商直播基地，培育农民主播，发展"田间直播间"等新业态。与京东、盒马共建产地仓，降低物流成本。通过在乌鲁木齐、西安等地建设枢纽型交易市场，形成"48小时鲜达"供应链网络。开拓国际高端市场：建立出口示范基地，严格实施GAP认证，确保100%符合欧盟农药残留标准。通过建设海外仓，搭乘中欧班列，鼓励FDA、BRC认证的企业等方式，推动国际高端市场开拓。

第三节　四川核桃产业发展情况

一、产业总体情况

四川是我国核桃种植大省，核桃种植区主要分布于川西和川北山地。2023年，四川核桃种植面积约1800万亩，位居全国第二；产量为69.77万吨，占全国核桃总产量的11.89%，次于云南和新疆，居第三位。种植区主要分布在全省21个市（州）的146个县（市、区），其中广元、凉山、巴中均超过百万亩，面积超过5万亩的县（市、区）有60个。广元市、凉山州、绵阳市核桃年产量超过5万吨。广元市朝天区、利州区和攀枝花市米易县等18个县（市、区）核桃种植户从核桃种苗生产、基地培育、干果销售、产品加工与储运、技术服务等环节人均可获收入超2000元。由种植业和加工业构成的产业体系基本形成，虽整体产业化水平较低，但在脱贫攻坚、生态建设、乡村振兴和保障粮油安全中，发挥着重要作用。近年来，随着核桃坚果价格的持续下跌，四川核桃产业的健康发展面临严峻挑战。

（一）种植业情况

2022年，四川核桃产干果68.03万吨，较2021年88.85万吨减少20.82万吨，减幅达23.4%（《四川省统计年鉴2023》），这是官方统计数据十年来首次大幅减少，直观反映出四川省核桃产业面临的严峻形势。根本原因是核桃价格从2016年起持续下跌至"冰点"。2023年，全省核桃干果产量69.77万吨，较2022年增产1.74万吨，增幅2.56%（《四川省统计年鉴2024》）。

据四川农业大学万雪琴团队实地调查，2024年，凉山州核桃面积和产量占全省60%以上，当季主栽品种'盐源早'青果核桃大量上市时的收购价介于1.0~1.6元/千克，批量上市之前和之后的价格每千克约高0.5~1.0元。广元主栽品种为硕星，2024年去皮鲜果（种植户自行去皮，然后批发给收购者）批发价约10元/千克。凉山州宁南县，'盐源早'收购价约1.6元/千克，而'白鹤滩状元黄'的青果收购价仅1.2元/千克，低价格使种植户只采收了不到1/3的果子，其余大部分都弃收了。6月中旬就上市的'绿玥'，因其成熟期比'盐源早'早1周左右，且目前规模小，2024年青果销售价格2.8元/千克，远高于主栽品种'盐源早'。'紫衣冬晚'是一个特晚熟的新品种，成熟期在国庆节前后，2024年青果收购价格在1.6~2.0元/千克。这些新品种价格相对较高的主要原因，除了"新"和"优"，还有种植规模小，总产量不大。

（二）加工业情况

2024年，四川无新增核桃加工企业，加工企业数量、产品类别和生产规模基本保持在2023年水平。3~4家核桃油企业基本停产，多数企业产能相对于销售量都明显过剩，面临较大的生存和发展压力。存在的主要问题：专业化初级加工普及率不高，质量不高；精深加工产品销售不畅，缺乏知名品牌和有产业带动能力的规模企业。如何提高销售量，提高产能利用率，是加工企业要重点考虑和解决的关键问题。

二、存在主要问题

（一）价格持续低位徘徊

四川良种率低，部分地区核桃品种杂乱，难以满足市场需求。2024年，四川核桃主栽品种青果价介于1.6~2.0元/千克。一些种植规模小的新品种青果卖价低至1.2元/千克，最高2.8元/千克；核桃干果价格明显低于云南核桃和新疆核桃的价格。

（二）栽培面积萎缩严重

四川省从事核桃科技推广的专业技术人员偏少，缺乏对各乡镇核桃栽培、管理等的技术服务指导，核桃弃管弃收现象较为普遍，导致总体产量不高，以商品生产为目的核桃栽培面积相较于面积最大时期,减少了约1/4。减少的直接原因主要是砍伐以种植其他效益较好的经济作物和果树,如烤烟、桑树等。四川盆地地区(盆地内和盆周山地区)在2005—2015年种植了数百万亩核桃,现在已很少有商品生产。

(三)精深加工能力弱

精深加工能力弱,产业链条短,核桃加工企业较少,大部分核桃以鲜果、原果、干果等形式直接出售,产品附加值偏低。核桃加工企业面临发展困难,有两家核桃乳厂都处于停产状态,多家核桃油厂也处于停产或基本停产状态,主要原因是产品销售不畅,对品牌打造的重视程度不够,宣传推介较少,品牌形象陈旧,营销手段单一,难以发挥品牌效益。

三、提质增效区域措施

(一)持续强化项目支持

2023年和2024年,四川20个"天府森林粮库"项目中有4个是核桃产业项目,也是单一树种项目数最多的,反映出四川行政管理部门对核桃产业的重视和支持。它们分别是巴中市南江县万亩核桃提质工程项目、凉山州宁南县核桃产业示范建设项目、广元市朝天区核桃和松子产业建设项目、凉山州盐源县核桃产业建设项目。这些项目的实施助力了核桃产业发展,还有待持续优化种植区域布局,在适宜种植区集中连片发展核桃产业,建设标准化种植基地。

(二)改良品种与加强管理

加大优良品种的选育和推广力度,对低产、低效、低质核桃树进行嫁接改良。加强对核桃树的科学管理,开展技术培训,指导农户进行施肥管理、病虫害防治、科学整形修剪等。

(三)发展精深加工利用技术

建立健全核桃技术服务体系,整合基层农技推广力量,建立综合性核桃产业技术队伍,加强与科研机构合作,重点开展核桃栽培、管理、加工等方面的技术研究和攻关,加大对传统核桃产品的升级改造和新产品开发力度,在核桃主产区建设一批深加工项目和初加工厂,扶持辐射带动能力强的核桃精深加工企业,推动核桃加工产业发展。

(四)打造品牌与拓展市场

加强品牌建设和宣传推广,提高品牌知名度和美誉度。积极拓展市场,加强与电商平台合作,开展线上线下销售。

第四节　陕西核桃产业发展情况

一、产业总体情况

陕西核桃栽培历史悠久,分布广泛,从南到北划分为秦巴山地区、关中区和渭北区三大栽培区。陕西省林业产业中心提供的信息显示,截至2024年底,全省核桃基地县(市、区)67个,种植面积970.78万亩,产量41.48万吨,产值65.46亿元,面积和产量分别位居全国第三和第五,种植面积、产量和产值分别下降了0.06%、12.75%和0.08%,与近几年核桃消费市场低迷和价格走低有关。目前,核桃在全省11个县(市、区)实现了全覆盖,已成为全国核桃重点产区,其中,商洛市被中国经济林协会授予"中国核桃之都"称号,洛南县、黄龙县、宜君县、陇县、镇坪县和渭南市临渭区被国家林业和草原局或中国经济林协会授予"中国核桃之乡"称号。陕西作为核桃的优生区和传统栽培地区,目前实生核桃与良种核桃并存,选育和引进的核桃品种有40多个,主栽品种有'香玲''鲁光''清香''西扶1号''西林3号''辽宁1号''中林1号'等。近年,新发展区栽植'强特勒'和'红仁核桃'等特色品种。

秦巴山地区商洛市是陕西省核桃第一大市,2024年商洛核桃栽植面积329.8万亩,产量13.8万吨,加上来自新疆的核桃15.2万吨,总销售量29万吨,产值20亿元,综合产值48亿元。面积、产量均居全省各市首位;安康市核桃栽培面积突破200万亩,位居全省第二,产量位列全省第四;宝鸡市核桃栽培面积位列全省第三,产量位居全省第二。商洛市核桃种植遍及7个县(市、区)98个镇办，覆盖98%农户，2024年底核桃栽植面积329.8万亩，总产量13.8万吨，先后被授予"中国核桃之都""陕西省核桃产业发展强市""中国特色农产品优势区"等称号。"商洛核桃"被国家市场监督管理总局注册为地理标志证明商标产品。商洛盛大实业股份有限公司于2019年审定核桃新品种——'红仁核桃'，2024年12月荣获全国"气候好产品"称号。截至2024年底，示范推广面积5.5万亩，不仅丰富了我国核桃品种资源，改变了现有品种结构，满足了消费者的高端需求，而且解决了我国核桃品种特色不明、市场供过于求、产品同质化严重和价格低迷、经济效益不高的问题。黄龙县核桃栽培面积超过20万亩，年产核桃2万吨以上，产值2亿元以上，该县在标准化建园、规模化发展、良种化栽植、科学化管理等方面均处于国内领先水平，成为陕西核桃产业发展典范，被国家市场监督管理总局批准为"国家矮化核桃标准化示范区"，并通过国家地理标志产品保护认证。

二、存在主要问题

（一）产业发展资金严重不足

"十四五"期间，市级产业资金仅落实了1550万元，扶持引导效应不够明显，省、市、县（区）产业资金扶持力度有待加强。

（二）科技服务体系不健全

科技研发平台和推广服务体系建设滞后，核桃专业技术人员严重不足，科技服务滞后。商洛市核桃分布广泛，几乎村村皆有种植，科技服务满足不了实际需要。管理粗放，品种混杂，良种化程度较低，品质良莠不齐，区域品种化、规模化发展力度不够，市场竞争能力不强。科技普及率偏低，病虫害比较严重，全市还有100万亩低产低效核桃园需品种提纯嫁接改造，综合科学管理任务十分艰巨。

（三）经营管理机制不灵活

一家一户的核桃生产经营方式已不再适应新形势发展的需要，必须改变经营管理机制，正确引导土地合理流转，大力发展集约化经营、规模化生产。产品营销手段落后，商洛核桃历史悠久、文化底蕴深厚，但在宣传上投入少，仍停留在就核桃说核桃、就产品抓产品,没有挖掘出商洛核桃潜在的文化优势。加之产品促销手段陈旧,市场需求与产品供给不匹配,市、县(区)至今没有规模较大的核桃交易市场,核桃产品的知名度、影响力、市场竞争力不强。销售缺乏专业团队,互联网作用发挥不充分,线上线下融合欠佳,销售渠道单一,售后服务体系不健全,社会化服务水平低。

(四)产品加工能力低

核桃产品加工企业数量少,规模不大,仍是以购买原料为主,加工仍停留在核桃仁等初级产品阶段,附加值低。缺乏大中型核桃加工企业,仅有的核桃加工企业尚难发挥龙头企业的辐射带动作用。

三、提质增效区域措施

(一)政策保障

陕西省委、省政府及地方各级党委、政府高度重视核桃产业发展,把核桃产业与区域经济建设、脱贫攻坚和乡村振兴有机结合,统筹安排,常抓不懈,全力推进。经过多年发展,已形成了"北有黄龙、南有商洛"两个核桃产业高地。省政府于2010年出台了《关于加快推进核桃等干杂果经济林产业发展的意见》,制定了核桃产业发展规划和支持核桃产业发展的相关配套政策。商洛市委、市政府制定了《关于加快核桃产业提质增效的意见》《关于鼓励扶持核桃产业实施意见》《关于大力推进核桃产业规模化经营的实施意见》《关于大力发展红仁核桃特色产业的实施意见》等一系列政策和措施,明确了核桃产业发展的思路、目标和保障措施,促进了核桃产业持续健康发展。

(二)基地提质增效

陕西核桃基地已达千万亩规模,在地方经济建设和乡村振兴中发挥了重要作用,但也存在许多不容忽视的问题。诸如良种率低,管理粗放;销售价格持续低迷,劳动力成本上涨,经济效益不高;部分地方为确保基本农田红线而砍树毁园的现象时有发生。面对这一形势,应及时调整发展战略,即由传统的数量扩张型向质量效益型转变,重点是品种升级,提质增效。陕西省林业局

2024年升级改造核桃、枣、花椒等特色经济林100.15万亩，其中核桃47.46万亩，占全省改造提升林的47.4%，仅商洛22万亩中低产林得到改造提升。具体措施：一是优化品种结构，按照市场需求通过对现有园高接换优手段，在适宜地区发展特色红仁核桃、大果型且成熟期早的鲜食品种、含油率高的榨油专用品种等。二是实施增产措施，针对核桃园存在的主要问题，因地制宜实施改良品种、调整密度、垦复扩盘、科学施肥、整形修剪、预防霜害、控制病虫等技术，实现提质增效。

（三）产地加工增值

目前，陕西核桃加工企业有30多家，但规模都不大。主要产品有核桃油（甘二酯核桃油）、核桃蛋白粉、核桃露、核桃酸奶、琥珀核桃、五香核桃、蜂蜜核桃、椒盐核桃、脱衣核桃仁、核桃软糖、核桃月饼、核桃蒸碗、核桃节礼、核桃酥糖、核桃酪、核桃休闲小食品等。在副产品研发方面，商洛盛大实业股份有限公司依托本市及周边地区丰富的核桃壳资源，开发出六个大类23个系列产品。广泛用于石油开采堵漏、化工材料、机械抛光、水质净化、化妆品、宠物床材等行业，延长了核桃产业链，提高了附加值。

（四）市场和平台建设

陕西在主产区建有不同规模的交易市场20多处，洛南县政府与新华社中国经济信息社于2019年建立了"新华全国核桃价格指数发布平台"，为生产者和经营者较为准确地提供核桃产业链各环节价格走势指数。近年来，商洛市集中打造中国西北核桃交易中心、中国商洛核桃文博馆、核桃电商平台、商洛核桃大市场等一批核桃市场交易、文化交流载体。洛南县建成占地164.5亩、建筑面积7.8万平方米的西部地区规模最大的集研发、加工、贮藏、交易、物流、销售于一体的现代化多功能核桃产业园区。吸纳10余家加工企业、12家电商企业、32家合作社入园，年可加工核桃干果、核桃仁67万吨，仓储物流核桃可达100万吨，实现产值65亿元，初步形成了买全国、卖全球的市场格局。

（五）产品销售

各级政府通过制定出台退税优惠政策，为企业在检疫、检测、运输、出关等方面提供优质便捷服务等，支持企业从事核桃国际贸易，发展外向型经济。企业通过提高产品质量、组建贸易团队、建立贸易窗口、加大国内外市场开发力度等措施，近年来，核桃及核桃副产品贸易量逐年增加。陕西核桃在国内销售渠道主要为河北、安徽及东南沿海加工企业和商超，出口国有俄罗斯、阿联酋、土耳其、哈萨克斯坦、吉尔吉斯斯坦等。近年来，商洛盛大实业股份有限公司产品累计出口3000多吨，销售额1.5亿元。

（六）科技攻关

陕西核桃科研力量雄厚，从事核桃研究的机构有西北农林科技大学、陕西省林业科学院、陕西省核桃产业创新战略联盟、陕西省林业技术推广总站、商洛市核桃研究所、渭北核桃研究中心等，从事核桃科研及推广人员200多人，其中知名专家和学术带头人8人。研究人员围绕核桃产业发展的技术瓶颈进行深入研究，联合攻关，在品种选育和引进、高效栽培技术、配方施肥、病虫害防控及低产林改造等方面取得重大突破。先后承担国家级、省级及行业重大科技项目50余项，获国家科技成果二等奖2项，省部级科技成果一、二等奖5项，其他各类奖项18项。编写出版核桃著作和科普书籍30余本，制定核桃行业标准和有关地方标准6项，撰写发表论文300余篇，为核桃产业发展提供了有力的技术支撑。

第五节　重点县区核桃产业发展情况

一、甘肃成县核桃产业发展情况

（一）产业总体情况

成县位于甘肃东南部秦岭山脉西南端丘陵河谷地带，属暖温带半湿润气候，为秦巴山区核桃最佳适生区之一，全县核桃种植面积达51万亩。近年来，成县紧紧围绕"标准化生产、品种化栽培、精细化管理、品牌化经营"的"新四化"发展目标，高质量开展核桃提质增效建设。2024年，全县核桃坚果产量

4.66万吨，产值5.59亿元，人均核桃经济收入2790元；与2022年相比，核桃坚果产量增加26.29%（3.69万吨），产值增加26.19%（4.43亿元），人均核桃经济收入增加36.7%（2041元）。核桃产业已成为成县种植面积最大、受益人口最多的主导农业特色产业，为推进当地乡村振兴、增加农民经济收入作出了重要贡献。目前，成县已拥有"中国核桃之乡""国家级核桃标准化生产示范基地""国家核桃良种基地""国家地理标志保护产品""中国优质核桃基地重点县""国家林下经济示范县""国家地理标志证明商标""欧盟注册商标""国家名优特新农产品"等9张国家级名片。

（二）存在主要问题

核桃精深加工科技含量不高，同质化严重，产业链条短；核桃产业管理机械化程度低，核桃生产管理成本高；核桃社会服务体系不健全，专业合作社、家庭农场等社会服务主体建设水平不高、技术服务能力和营销能力不强。

（三）提质增效区域措施

1. 政策保障

2024年，成县人民政府印发《成县2024年核桃产业提质增效建设方案》，充分利用成县核桃现代农业产业园区省级现代农业产业园区的政策优势，积极争取中央、省级财政及地方配套的核桃产业建设资金500多万元。

2. 基地提质增效

按照良种良法要求，压实核桃产业建设主体责任，组织发动林草、乡镇、驻村单位、专业技术等部门力量，用好示范乡镇、示范村、示范园、示范企业（专业合作社）、示范户五大抓手，充分调动广大干部群众积极性，全面落实整地除草、配方施肥、整形修剪、病虫害防治、采收加工等关键技术措施，高质量推进成县核桃全产业链建设，有效提高全县核桃的产量和品质，以核桃的高品质赢得市场的高价格。同时采取流转承包、嫁接改良、发展林下经济等技术措施，加大对核桃低产园提质增效改造力度，建成了成县店村镇朱家桥等5个市级核桃高效示范园，索池镇云雾山等17个县级核桃高效示范园，陈院镇大垭村等10个青皮鲜核桃销售示范村，培养了杨增强等44名青皮鲜核桃销售10000

元示范户，充分发挥先进典型示范带动作用，有效调动全县广大群众积极投入核桃产业提质增效建设。

3. 销售市场开拓

抢抓青皮鲜核桃销售机遇，组建工作专班，大力开拓和巩固西咸经济圈、成渝经济圈、兰州经济圈及绵阳、广元、宝鸡、汉中、天水、庆阳、平凉、银川、西宁等地青皮鲜核桃销售市场，进一步扩大成县青皮鲜核桃销售量，增加产业经济效益。同时，创建成县清香核桃鲜果品牌，培育专业合作社、家庭农场等果业经营主体，加快建设集生产、加工、仓储与销售于一体的成县青皮鲜核桃销售市场。2024年，全县共销售青皮鲜核桃3000多吨，经济收入达1080多万元；与2022年的500吨、200万元相比，产量增加500%，经济收入增加440%。青皮鲜核桃每千克3.0~4.0元，每亩核桃收入达3000~5000元，全县青皮鲜核桃销售收入5000元以上的农户达200多户，10000元以上的农户达44户，最高达68000元。有效解决了成县核桃卖难和增收难问题，极大调动了广大群众投身核桃产业提质增效建设的积极性。

4. 产业链延链补链强链

充分发挥成县核桃国家地理标志保护产品、国家地理标志证明商标和欧盟注册商标、国家名优特新农产品等品牌效应，加大科技创新力度，引导加工生产企业，按照市场和消费人群需求，研发出多方向、多种类、多层次的核桃新产品，延长核桃产业链，促进核桃销售。同时，积极融入全国核桃大市场，建设成县核桃加工销售市场和全国青皮鲜核桃生产销售市场，实施好成县宏远土特产有限公司提升改造建设、"六个核桃"西北核桃仓储中心建设、成县青皮鲜核桃集采集配中心建设，以产量和质量的提升保障市场的形成，以市场的形成赋能价格的提升。2024年共建成陇小南核桃粉、核桃锅巴、核桃麻花、同谷家裕核桃酱、仲鑫园脱衣核桃仁、九源琥珀核桃仁6条核桃深加工生产线，引导20家企业（合作社）使用成县核桃商标，有力促进成县核桃深加工销售，增加核桃产业经济效益。

5. 科技赋能提质增效

牢固树立科技意识，加大科技创新和投入，因地制宜发展核桃新质生产力，向科技和创新要效益。一是开展核桃新品种选育工作。依托成县国家核桃良种基地建设，广泛收集和保存国内外优良核桃种质资源，扎实开展核桃基础科技研究，科学开展以杂交育种为主要技术措施的核桃新品种选育工作，重点做好成县百年老树核桃种质资源的挖掘和利用，选育丰产、抗病、优质的核桃新品种，支撑成县核桃产业高质量发展。二是开展生草技术研究示范工作。建立"核桃+草+肥"保墒生态模式、"核桃+菜+肥"增产提质模式、"核桃+林下经济+花"休闲观光模式等科技成果推广转化示范基地，增加核桃产业经济收入。三是开展核桃高光效丰产修剪技术示范推广工作。以改善基地通风透光条件，减少病虫害，增强核桃树势，提高产量和品质为主要修剪目标。高接换优后2~5年推广省力化修剪，多疏枝、长放、少短截、回缩，培养结果枝组，提高坐果率和产量。10~15年盛果期，对过密基地逐年间伐，降低密度，扩展冠幅，促进丰产。四是开展核桃病虫害植保无人机综合防治示范工作。抢抓有效防治时机，利用植保无人机喷洒石硫合剂、杀虫杀菌剂等开展核桃病虫害防控工作，加快了防控速度，提高了防治效率。同时，示范推广山地核桃轨道运输机，降低核桃园肥料及果实采收运输成本。通过各项技术集成应用，示范基地核桃产量由亩均120千克增长到148千克，产量提高23%。

二、山西汾阳市核桃产业发展情况

（一）产业总体情况

汾阳市位于山西中部，吕梁山东麓，市域面积1179平方千米。汾阳是我国主要的核桃原产地之一，明朝至民国年间更为兴盛。中华人民共和国成立后尤其是改革开放后，汾州核桃产业化发展步伐加快，选育出了'晋龙一号''晋龙二号'两个国家级良种和'晋核1号''晋绵2号'两个省级良种，种植面积达到了3.6万公顷，年产量达到了2.5万吨，年加工量超30万吨。2000年，汾阳市被命名为"中国核桃之乡"，2008年汾州核桃被列入"国家地理标志保护产品"，汾阳市核桃良种繁殖试验园被国家林草局命名为"国家林木（核桃）良种基地"，2014年被国家质检总局命名为"出口农产品（核桃）质量安全示范区"，2020年被山西省农业农村厅命名为"特色农产品优势区"，瑞优、马一芳2家公司被国家农业农村部命名为"农业国际贸易高质量发展基地"。

（二）发展思路与特点

1. 政策扶持种植基地提质增效

针对老核桃种植基地普遍存在的品种杂乱、地处丘陵山区等特点，2013年以来，汾阳市政府每年投资600余万元，开展以标准化修剪和高接换优统一品种为主的种植基地提质增效建设，尤其是2022年投资2000余万元，实施了1.1万余亩的品种改造。目前，全市已基本形成了以'晋龙'系列、'礼品'系列为主的品种结构。全市核桃种植品种化率由2022年的65%（'礼品2号'35%、'晋龙中林'系列30%）提高到了68%（'礼品2号'37%、'晋龙中林'系列31%）。

2. 山西（吕梁）干果商贸平台建设龙头带动

2024年以来，根据山西"十四五"规划，山西先后投资2000余万元，启动了山西（吕梁）干果商贸平台建设，建成了占地面积5500平方米的山西（吕梁）干果交易市场和山西（吕梁）干果大数据平台，组建了山西干果商贸平台运营有限责任公司，山西（吕梁）干果大数据系统覆盖了全市98%以上的核桃种植地块，全市2.5万吨的核桃实现了种植地块、种植农户级别的安全可追溯，构建了全域核桃产业生产种植环节的质量安全和品牌追溯一体化、加工购销环节的市场信息与市场价格一体化、科技研发环节的品种选育与市场需求一体化。

3. 外向型加工企业发展强势推进

到2024年，全市有核桃加工企业1000余家，其中有出口经营权的加工企业达到了20余家。核桃干果、核桃仁直接出口额达到了6亿元人民币，比2022年增长近50%。2024年，全市投资2210余万元，新引进核桃初加工机器人达260余台，新上马核桃休闲食品、核桃油、核桃粉等精深加工生产线7条。2024年，全市核桃产业产值突破40亿元，比2022年增长近30%，形成了从品种选育、种植、加工、销售到新产品研发全链条的集群化发展。

（三）存在主要问题

汾阳市作为全国著名的老核桃产区，面对机械化种植和加工的新形势，种植业方面主要存在品种杂乱、实生核桃占比较大，新选育品种去衣困难，加工方面主要存在初加工占比过大，产业链短，仅有的核桃油、核桃粉加工企业产量与销量不大，大多以核桃坚果筛选和核桃仁加工、分级精选为主的问题。

（四）提质增效区域措施

（1）将选育适宜本地种植的、易于机械化加工去衣的新品种作为首要任务，尽快形成适宜当地气候、地理条件的当家品种。

（2）将引进大资本集团进驻从事核桃加工业作为主要推动力，发挥其在资本运作、品牌推广、市场营销方面的优势，与本地现有的农民企业家创办的核桃初加工企业融合，形成集核桃坚果筛选，核桃仁加工分级，核桃油、核桃仁、核桃肽等精深加工于一体的全链条产业。

三、河北涉县核桃产业发展情况

（一）产业总体情况

涉县是邯郸市唯一的全山区县，粮食作物种植成本较高，长期以来，以核桃为主的干果产业成为农民收入的主要来源。由于涉县地处核桃最适宜生长区域，成了全国核桃重点产区县之一，以其产出的个大、壳薄、仁饱、味香及出油率高的核桃而闻名于世。涉县于2004年被国家林业局评为"中国核桃之乡"。2005年，涉县核桃通过国家地理标志产品认证。2017年，"涉县核桃"荣获第二届河北省十佳区域公用品牌，品牌价值为5.31亿元。2018年，涉县被农业农村部等九部委确定为中国特色农产品优势区。

全县核桃总栽培面积达43.3万亩，资源总量主要分为三部分，一是核桃实生大树273万株，其中百年以上古树达10万株之多，最大树龄500年以上，分为绵核桃和夹核桃两类。核桃性状表现多样，使涉县成为全国不多见的核桃种质资源地。二是2002年以来，结合国家实施退耕还林项目发展起的优种核桃12万亩核桃园，已有了品种分类，但品种杂乱。三是2014年以后，以'辽宁1号'和

'清香'两个主栽品种，建设宽行密株核桃园4万亩，现代模式的丰产高效核桃园4000亩。涉县核桃主要推广的是全园生草，少部分园间作模式有林药间作、林粮间作。栽植规模1000亩以上的有核桃园20个，平均亩产量100斤左右。涉县目前效益较好的核桃园在涉县井店镇台北村，主要采用规模化建园、品种化栽植、规范化管理的理念建设，主栽品种有'辽宁1号'和'清香'。生产中主要推广应用了精细化修剪、铺防草地布、机械割草、增施有机肥、病虫害科学防控等综合技术措施，平均亩产量300斤左右，且通过了有机认证，销售渠道主要是通过微信朋友圈卖青果、坚果、核桃仁、核桃油等，青果每斤1~2元，坚果每斤6~8元，核桃仁每斤11元左右，核桃油每斤15~20元。

全县核桃正常年份总产量为2万吨。2024年，全县核桃总产量达1.85万吨，产值3亿多元。涉县核桃价格最高时每斤可卖到14元以上，实现产值4亿元，是全县农业经济第一大产业。但当前市场低迷，连续多年价格大幅下降，加上冻害减产，现在优种核桃每斤5元左右，实生核桃每斤2~3元，核桃仁根据等级价格每斤6~13元，群众收入无法得到保障，只能选择自家榨油食用，生产积极性严重受挫。

全县从事以核桃为主的林产品经销贸易的工商企业有150家左右，90%以上还是原产品和初加工贸易，近两年从原来的主要收购原果到现在80%以上加工成核桃仁出售，而且还从省内石家庄、邢台、唐山等地和新疆、山西等地及港口进口美国核桃进行来料加工核仁，石门供销社一年核桃仁的销售量在200万斤以上。核桃深加工企业7家，分别是河北女娲食品有限公司、邯郸市宜维尔食品有限公司、河北黄金龙食用油有限公司、河北盛林饮品有限公司、涉县金食源生物科技有限公司、涉县温村农业开发有限公司、河北食为天农产品贸易有限公司，年加工量在2000吨左右，原料一部分从新疆采购，一部分来自本县。主要生产琥珀核桃仁罐头、盐焗核桃、多味核桃、枣夹核桃、核桃油等，营销渠道主要是线下线上相结合，线下销售主要是商超、专卖店，线上利用淘宝、天猫、拼多多、抖音等电商平台，以河北女娲食品有限公司为例，盐焗核桃每袋1.5千克，售价105元；琥珀核桃仁每袋218克，售价35元；核桃油5升装，售价480元。

（二）存在主要问题

1. 经营分散，生产成本高，商品一致性差

涉县全县林果种植户90%以上为一家一户，大多和粮食作物间作生产，地块零散，水电路基础设施投入严重不足。当前，农村年轻人不愿意从事林果业种植，外出打工现象普遍，村内留守老弱病残，村庄空心化严重，劳动力极度缺乏。近几年，核桃受市场影响价格低迷，再加上气候异常灾害频发，很多核桃树处于放任生长、无人管护的状态，导致单产低、品质差，商品一致性无法保证，没有市场竞争力，产品价格连续下滑，全县核桃平均亩产不到100斤。

2. 投资门槛高，投入不足，产业低质低效

经济林是投资门槛很高的产业，在目前核桃市场不景气，农民收入较低的情况下，农民几乎放弃了核桃园管理，甚至有的农户核桃成熟后也不采收，这样的果园只能是低产低效园。良种良法加上基础设施建设到位，才有可能成为丰产园，早获收益。因为一般农户难以做到，且上级各级主管部门对核桃产业发展投资较少，导致涉县当前遍地都是低产低效核桃林，迫切需要提质增效管理。

3. 生产规模小，龙头企业少，产业品牌效应不够

涉县现有的河北女娲食品有限公司、河北黄金龙食用油有限公司等几家林产品加工营销龙头企业，加工能力在全国同行业位居前列，但产品存在同质化的问题，生产规模小，对全县核桃产业带动力不强。加强企业联合，培育龙头企业，共同打造"涉县核桃"等国家地理标志产品品牌势在必行。

4. 政策落地难，扶持资金少，产业发展动力不足

国家林业和草原局发布的《林草产业发展规划（2021—2025年）》中指出，要重点支持经济林发展，推进树种结构调整、品种改良和基地建设，做优做强特色果品、木本粮油等产业。《河北省林草产业发展规划（2021—2025年）》指出，树立大食物观，坚持向森林要食物，完善林草产业发展长效机制，做精做特一产，做大做强二产，做优做活三产，促进一二三产业深度融合，推动全省林草产业高质量发展。虽然有文件支持，但是没有项目资金支持和倾斜，仅林草

局每年有3000万元的资金支持全省林果产业发展，资金极少。

（三）提质增效区域措施

1. 政策保障

加大对山区特色种植产业生产阶段的政策性兜底保障力度。鉴于今后气候变化异常增多的风险，增加投保种植对象种类，增大投保规模，为种植经营者提供保障支撑，激发社会投入特色种植的积极性。在县政府的大力支持下，2019年以来，县林业部门联合中国人保财险涉县支公司，由县财政列支100余万元先后将全县2万亩结果核桃树纳入政策性保险，共理赔230余万元，弥补了因冻害造成的损失，给种植户吃下定心丸，解决了后顾之忧。2021年，县财政资金列支200多万元对全县的核桃、花椒、黑枣等经果林进行了修剪，复壮了树势。2022年，争取省林草局扶持核桃大县建设项目资金200万元，持续扶持了台北、连泉两个核桃示范基地。2021—2022年两年果品产量和品质都得到了提升。2023年，省技术推广总站实施的中央财政林业和草原科技推广项目"核桃优质丰产标准化栽培技术示范推广"在涉县龙虎乡马布村建设400亩示范区，通过两年的项目实施，项目区核桃产量和品质得到了提升，群众收入有了提高，提振了群众发展核桃产业的信心。

2. 资源利用

加强核桃大树资源的保护。核桃实生大树是涉县宝贵的种质资源，近年来由于核桃价格低迷，再加上上树打核桃存在风险，群众砍树卖木材现象时有发生，今后应加强执法监管，切实保护大树资源。同时，加大对现有核桃园管护力度，建立健全县、镇、村技术推广服务体系，加大对现有低产低效核桃园的管护力度，提高产量和品质，增加经济效益。

3. 产地加工

加大对核桃加工企业的扶持力度。尤其是核桃油加工企业的政策、资金扶持力度，培育龙头企业发挥带动引领作用，提升核桃产品附加值，稳步提高核桃食用油的市场占有率，促进传统产业做大做强。企业的发展还能带动相关产业的发展，如核桃种植、采摘、运输等环节，创造更多的就业机会，进一步促进当地经济的繁荣。

4. 市场流通

加大对林产品加工销售方面的扶持力度。对林产品加工企业从用地、加工设施建设等方面给予政策和项目支持。鼓励地方政府建设农林产品加工销售现代产业园区,配套物流、仓储、冷库等设施,形成聚集效应,引领产业发展方向。

第六节　几点启示

核桃是我国重要的木本油料树种,分布广、面积大、产量高、收成稳定、区域优势明显,是助力山区农民脱贫增收、乡村振兴的首选经济林树种。但是,随着核桃产业发展进入深水区和纵深发展阶段,其产业的瓶颈问题日益凸显。从云南、新疆、四川、陕西等核桃主产区的产业情况看,存在问题较多。产业政策落实不到位,产业布局不合理,保障措施不配套;产业结构失衡,一二三产业发展不融合,市场竞争力不强;生产技术落后,科技含量低,产业链条短,不利于产业的可持续发展;产品同质化严重,品牌效应差,销售渠道不畅,产业持续发展的内生动力不足,难以实现产业兴旺和服务乡村振兴。为此,得到以下几点启示。

(1)针对结构性过剩的问题,通过优化产业布局,制定宏观调控政策,把核桃产业与区域经济建设、巩固拓展脱贫攻坚成果和乡村振兴有机结合,统筹规划,制定核桃产业中长期发展目标,完善配套产业政策,明确保障措施,坚持一张蓝图绘到底,把小核桃做成大产业。

(2)针对经营主体小而散、市场竞争力弱的问题,整合市场基本要素,培育龙头企业,加快培育新型产业经营主体,实现"种植生产+处理加工+流通服务"一二三产业紧密融合式发展,增强核桃产业的市场竞争力和认可度,实现核桃产业转型升级和节本增效。

（3）针对生产技术落后、科技含量低和产业链条短的问题，强化科技支撑力度，突破关键核心技术，组装智能装备，集成优化科技创新技术体系，加强创新高地和创新专业型人才培养，补齐科技创新短板，推动新质生产力发展，加快推进核桃产业高效化和生态化，形成完整产业链的现代化产业模式，实现核桃产业兴旺和乡村振兴。

（4）针对产品同质化、品牌效应差、销售渠道不畅的问题，加强多元化高科技产品研发，深度挖掘核桃功能性产品作用机制，强化核桃产业文化宣传，打造产业生态绿色大品牌，建立区域产品集散地、产业园，推出核桃特色产品电商平台，实现拓展全国及国际市场的大格局，全面贯彻落实习近平总书记"大食物观"和"绿水青山就是金山银山"的发展理念。

第四章

核桃产业发展重点企业

第一节　凤庆摩尔百瑞生物科技开发有限公司

一、企业基本情况

凤庆摩尔百瑞生物科技开发有限公司（以下简称"摩尔百瑞"）立足云南省临沧市凤庆县——这片拥有172万亩核桃种植面积、覆盖9万多户农户、年产11万吨核桃，是"中国核桃之乡"的核心产区。以凤庆为中心，半径100千米区域内核桃种植面积达2300万亩，占云南省核桃种植总面积的53.5%，产业集聚效应显著，亟须通过工业化精深加工推动提质增效。

企业运营团队凭借成熟的技术创新、运营管理与市场推广经验，掌握有机核桃油、功能性油脂、核桃蛋白及肽类等关键制备技术。公司以市场为导向深化科技创新，攻克30余项核桃油与蛋白制备核心技术，参与制定《云南深纹核桃机械干燥技术规程》团体标准，使核桃干果常温保存期延长至18个月，为产业标准化发展提供支撑。

由摩尔百瑞运营的凤庆县核桃高值化加工示范项目，占地64.8亩，采用无锡中粮工程科技有限公司全国领先的智能装备与工艺设计，配备剥壳、脱皮、冷榨、热榨等全流程生产线，可实现铁核桃、泡核桃等多品种原料的高效利用。项目一期产能为年产有机核桃油1万吨、核桃脱脂蛋白粉1500吨，预留扩容后产能可翻倍。经国内油脂领域权威专家验收，该项目被认定为"国内单体产能最大、自动化智能化集成度最高、设计最先进"的核桃油与蛋白综合加工体。

项目依托中国核桃核心产区资源，构建"研发—生产—销售"全链条体系，以高标准、低价格的核桃油与蛋白粉为主打产品，填补国内食用油自给缺口，服务国家粮油安全战略。通过"科技驱动+产业协同"双轮战略，公司形成从种植端到全球市场的全产业链闭环，在技术突破、产业生态构建及可持续发展方面建立竞争优势，致力于成为核桃全产业链标杆企业，为乡村振兴注入科技与产业动能。

二、企业典型经营模式

摩尔百瑞创新构建"有机种植—精深加工—高值转化—全球销售"四位一体产业链模式,通过全链条协同实现资源高效利用与价值跃升。

(一)种植环节:标准化基地与农户协同发展

公司以"公司+基地+合作社+农户+科技"模式,在凤庆县海拔1500~2200米区域布局有机种植基地,首期建成5.3万亩中国、欧盟、美国三重有机认证基地,2025年底将扩展至20万亩。通过品种优化、技术指导与基地认证,实现种植端提质增效,并依托政府平台建设的10万吨冷库保障原料储备与品质。该模式既带动农户参与有机种植、促进劳动力就业,又以订单农业稳定原料供应,形成"产业循环+农民增收"双轮驱动格局。

(二)精深加工环节:技术壁垒与智能生产赋能

采用油脂工业前沿技术,构建多品类产品矩阵,涵盖冷榨、热榨、精炼、亚临界萃取核桃油及蛋白粉等,通过三大技术突破形成核心竞争力。精准控温压榨:温度波动±1.5℃,保留90%核桃多酚活性成分,提升产品功能性。高效出油工艺:自主研发液压设备使出油率提升7.3%,残油率<6%;亚临界萃取技术实现粕内零溶剂残留,残油率0.8%,蛋白质含量达62%以上。品质保鲜体系:室内油罐采用氮气吹扫与氮封技术,全程低温充氮保鲜,过氧化值控制在2毫当量/千克以下,保质期从18个月延长至36个月,并开发低盐低钠核桃酱油等衍生产品。智能化生产线配备全自动化控制装置,提升管理效率与生产稳定性,被权威专家认定为国内领先的核桃综合加工体。

(三)销售环节:全渠道布局与数字化追溯

公司构建"B端供应链+C端健康消费"双轨销售网络。

B端:与大型食品企业建立代工合作,直供高端连锁商超、头部母婴品牌,接入央国企团购、扶贫帮扶销售体系。

C端:拓宽新零售平台与线下渠道,产品覆盖母婴、中老年专用市场、家庭烹饪及医药保健原料等场景。依托数字化赋能建立全流程追溯体系，严格遵守质量安全标准，2024年销售核桃油2000余吨，2025年预计通过知名油企供应商资质审核，实现1万吨产能全面释放。

（四）模式核心优势：五维协同构建产业壁垒

通过"原料标准—专利工艺—智能生产—严格品控—知识产权保护"五维体系，公司建立严苛于国标的验收标准，整合产学研核心专利技术，以智能化生产与抗氧化、在线检测等品控手段确保高端市场地位，形成"技术领先—品质保障—市场认可"的良性循环，为核桃全产业链发展提供可复制的标杆范式。

三、企业核心技术装备及产品

公司以低温压榨技术为核心，构建核桃全产业链技术体系，推动资源高效利用与产品创新升级。

（一）核心技术与装备突破

公司深耕低温压榨核桃油关键技术，通过精准控温（±1.5℃）、亚临界萃取等工艺，保留90%核桃多酚活性成分，达到出油率提升7.3%、残油率<6%的行业领先水平。同时，创新开发核桃蛋白与肽类提取技术，将榨油后的饼粕转化为蛋白质含量62%以上的脱脂蛋白粉，用于乳制品、保健品等领域，突破传统"榨油剩粕"的低附加值利用模式。配套智能化生产线采用全自动化控制与氮气保鲜技术，使核桃油保质期延长至36个月，技术指标优于国家标准。

（二）功能性产品矩阵构建

依托技术积累，公司与中国粮油学会油脂分会合作开发多元化功能性产品。细分人群用油：针对婴幼儿、孕妇、中老年群体推出专用核桃油，强化营养精准供给。创新功能油脂：开发甘油二酯油、直饮油等科技型产品，拓展健康消费场景。蛋白衍生产品：以核桃粕为原料生产蛋白粉、核桃肽，应用于植物肉、调味料等领域，提升副产物附加值超5倍。上述技术与产品形成"油类高端化、蛋白多元化、副产物全值化"的全链开发模式，显著降低综合成本，增强市场竞争力。

（三）产业示范与战略价值

公司技术体系已形成示范效应，可复制推广至云南及全国核桃主产区，推动产业从"单一榨油"向"三产融合"转型：通过做优种植基地、做强精深加工、做深科技创新、做特区域品牌，构建集原料种植、加工转化、科技研发、品牌营销于一体的完整产业链。此举不仅提升核桃产业附加值与抗风险能力，更以"经济效益+生态效益"双轮驱动，助力巩固脱贫攻坚成果与乡村振兴战略实施，为我国木本油料产业高质量发展提供可借鉴的"摩尔百瑞范式"。

第二节　云南摩尔农庄生物科技开发有限公司

一、企业基本情况

云南摩尔农庄生物科技开发有限公司（以下简称"摩尔农庄"）于2006年成立，是一家聚焦核桃全产业链研发，融合有机食品、功能性食品及民族药研发、种植、加工、生产、销售的股份制科技企业。在核桃一二三产业融合进程中，摩尔农庄从基地提升、基础研究等多方面夯实产业根基。凭借长期技术积累与科研创新，构建起核桃与科技紧密结合的全产业链发展模式。为实现做强做大，推动核桃产业高质量发展，公司持续强化技术创新、产品研发、产能建设，全力提升创新水平、核心竞争力与品牌影响力，实现经济效益与社会效益双丰收。如今，摩尔农庄已发展为国家重点林业龙头企业、国家重点军民融合发展民营企业、国家知识产权示范企业等，荣获多项国家级、省部级荣誉。

为实现"中国核桃领军品牌"目标，摩尔农庄联合中国科学院昆明植物所完成核桃基因破译等工作，使核桃产业迈入分子生物学时代，为产业精深开发与营养学研究奠定基础。其检验检测中心获国家CMA认定，并设立多个研发中心，与科研机构共建创新中心，牵头组建多个联盟，成立联合实验室，推动核桃油等相关标准建立完善，促进行业规范发展。

摩尔农庄紧跟行业趋势，依托全产业链布局，秉持"吃干榨净"理念，提升技术与产品创新能力，凭借技术创新整合高端科技资源合作攻关，形成强大研发与自主创新实力，全产业链研发成果丰硕。截至目前，公司获4个保健食品批准文号、147项国家专利，参与多项国家、行业、团体标准制定与修订。2017年7月，公司与中国西南野生生物种质资源库完成深纹核桃9种必需氨基酸成分分析，证实其蛋白为完全蛋白，进一步夯实产业发展基础。

二、企业典型经营模式

摩尔农庄以龙头企业为核心，构建"企业+合作经济+基地"的产业共赢链，将核桃全产业链发展与山区脱贫攻坚、乡村振兴深度融合，形成兼具社会价值与市场竞争力的经营范式。

（一）种植环节：科技赋能与农户利益联结

公司以"公司+基地+合作社+农户+科技"模式优化种植端布局，在全国建成20万亩核桃基地，其中有机认证基地通过中国、欧盟、美国三重标准审核。通过品种改良、有机种植技术指导及采收初加工标准化管理，实现基地提质增效；为农户提供从土壤改良到果实采收的全流程技术服务，推动核桃干果通过《云南深纹核桃机械干燥技术规程》实现18个月常温保存，解决山区农产品储存难题。该模式直接带动农户参与有机种植，通过订单农业稳定收购价格，并吸纳农村劳动力参与基地管护，形成"技术培训—标准化生产—定向收购"的闭环，山区农户年均增收超3000元，产业脱贫贡献率显著。

（二）加工环节：技术壁垒与品质管控

依托"云南省核桃加工关键技术工程研究中心"等创新平台，摩尔农庄突破核桃全链加工技术瓶颈：冷榨工艺保留90%多酚活性成分，亚临界萃取实现粕内零溶剂残留，蛋白质利用率提升至62%以上；生产过程采用氮气保鲜与全自动化控制，使核桃油保质期延长至36个月，远超行业平均水平。同时，建立严苛于国标的品控体系，从原料验收的18项检测指标到成品的抗氧化稳定性测试，确保产品从田间到餐桌的全程安全，相关技术荣获"云南省科技进步奖特等奖"。

(三)销售环节：高端渠道与全球化布局

公司以"三大业务板块"构建全渠道覆盖能力。B端供应链：成为沃尔玛、山姆会员店、安利、贝因美等国际国内顶尖品牌的核心供应商，其中有机核桃油2024年在山姆销量同比增长70%，核桃乳接入光明食品、核桃仁接入东阿阿胶等产业链体系。C端健康市场：通过Whole Foods Market（美国全食超市）等渠道打入全球核桃主产国市场，实现"中国核桃油反向出口美国"的突破，2024年出口额同比增长45%。新零售与区域渠道：入驻东方电视购物、一心堂等平台，构建"线上直播+线下体验"消费场景，复购率达65%以上。

(四)模式核心："科技+标准+品牌"三轮驱动

摩尔农庄以基因破译、功能因子分析等基础研究为源头，以147项专利及20余项国家/行业标准为支撑，形成"技术领先—标准引领—品牌溢价"的竞争壁垒。例如，参与制定《航天食品原料压榨核桃油》标准，推动产品进入航天供应链；依托"云南省核桃产业技术创新战略联盟"整合产学研资源，实现从种植、加工到销售的全链协同。这种模式不仅提升核桃附加值超5倍，更以"产业生态共建"带动云南等主产区2000万农户融入全球价值链，成为乡村振兴的典型范本。

三、企业核心技术装备及产品

摩尔农庄以科技创新为引擎，构建起覆盖核桃全产业链的技术体系与产品矩阵，成为全国核桃深加工领域的技术标杆。

(一)初加工装备：智能化破解产业短板

针对云南核桃初加工环节自动化程度低的痛点，摩尔农庄联合高校及科研机构，研发推广脱青皮、烘烤、脱壳等智能化设备。通过核桃种子呼吸抑制、霉变控制等技术，实现初加工效率提升40%，果品均一性显著增强。例如，其开发的无冷链脱青皮鲜食核桃生产线，突破传统保鲜瓶颈，无须冷链即可实现鲜食核桃30天货架期，为山区鲜食核桃商品化提供技术支撑，相关装备已在云南主产区推广应用，带动初加工环节标准化升级。

（二）精深加工技术：专利集群与功能化突破

公司以专利技术为核心构建加工壁垒。植物蛋白领域：公司凭借"保持蛋白原味品质的植物蛋白饮料加工方法"等专利，开发出"聪滋牌核桃牛磺酸乳酸锌饮料"，作为全国唯一健字号核桃乳，通过航天级标准认证，具有辅助改善记忆功能；"有机核桃厚乳"采用创新工艺，蛋白含量达3.0克/240毫升（折合1.25克/100毫升，远超国标标准0.55克/100毫升），零糖零碳水，成为咖啡、奶茶的高端伴侣。油脂加工领域：有机核桃油通过三重有机认证，与中国粮油学会共建专家工作站，开发婴幼儿、孕妇、中老年专用功能性油脂，以及甘油二酯油、直饮油等新品类；利用亚临界萃取技术将饼粕蛋白利用率提升至62%，开发核桃蛋白粉、肽类等衍生产品，推动副产品附加值提升5倍以上。

（三）全产业链产品：高值化与多元化布局

摩尔农庄形成"基础产品+功能食品+衍生品"的立体产品体系。核心品类：有机核桃果/仁、核桃油、核桃乳三大板块构成基本盘，其中有机核桃油2024年在山姆会员店销量增长70%，出口美国全食超市实现"反向输出"。功能创新：公司依托基因研究成果，推出富含9种必需氨基酸的深纹核桃蛋白产品，证实其为"完全蛋白"；开发核桃青皮染发剂、硬壳活性炭、分心木保健酒等跨界产品，延伸产业链至美妆、环保、保健领域。技术跨界：公司与中国科学院昆明植物所合作，利用"中国西南野生生物种质资源库"技术，开发无冷链鲜食核桃，攻克水分保持与霉变抑制难题，推动鲜食核桃从区域性产品走向全国市场。

（四）行业引领：标准制定与生态构建

公司以技术优势推动行业标准化建设，参与制定《航天食品原料压榨核桃油》《核桃蛋白粉》等20余项国家、行业标准，并牵头成立"国家核桃油及核桃加工产业创新战略联盟"。2024年，楚雄市因摩尔农庄的标杆作用被中国粮油学会授予全国唯一"核桃油之乡"称号，标志着其从技术领先迈向产业生态引领。通过"装备升级—技术突破—产品多元—标准输出"的全链创新，摩尔农庄为云南核桃产业开辟了"科技赋能、高值转化、生态协同"的发展新路径。

第三节 喀什疆果果农业科技有限公司

一、企业基本情况

喀什疆果果农业科技有限公司（以下简称"喀什疆果果"）成立于2015年11月，注册资金5271万元，总部位于新疆喀什疏附县，是新疆维吾尔自治区农业产业化重点龙头企业、国家高新技术企业。公司以"帮助新疆果农，造福新疆社会"为使命，依托科技创新提升新疆林果产品附加值，构建了覆盖原果、休闲食品、健康饮品、时令鲜果、精装礼盒五大系列62个产品的多元化矩阵，并积极布局三产融合，致力于打造综合性农业科技企业。

公司凭借强劲的科研实力与规范化管理，成为新疆林果行业标杆。现有科技人员52人，其中博士2人、硕士7人，拥有发明专利3项、实用新型专利12项、软件著作权12项、外观专利60项及161个注册商标，建立了自治区级博士后科研工作站与企业技术中心。通过与喀什大学、西北农林科技大学等多所科研院校开展产学研合作，公司科研项目多次在"中国创新创业大赛"等赛事中获奖，其中"林果加工关键技术集成与应用"入围全国赛，技术转化成效显著。在标准化建设方面，公司主导制定《T/KSTSNCPJG 0001—2024 大坚果》《T/KSTSNCPJG 0002—2024 大干果》等团体标准，完善生产工艺与环境安全标准，并通过HACCP、ISO 22000等多项国际认证，构建了从种植到销售的全流程质量管控体系。

在社会责任履行方面，公司以产业带动脱贫为核心，通过种植技术培训、品种改良、保底收购等举措，直接带动5万余户贫困农户脱贫致富，成为南疆乡村振兴的重要力量。9年来，公司累计捐赠款物超1100万元，用于灾区支援、教育资助和果农帮扶，形成"企业发展—农民受益—社会共赢"的良性循环。未来，公司将依托喀什地缘优势与"一带一路"机遇，深化科研合作开发功能性产品，拓展跨境电商与文旅融合业务，向集种植、加工、观光于一体的综合性产业集团迈进，持续为新疆林果业升级与区域经济发展注入动力。

二、企业典型经营模式

喀什疆果果以全产业链贯通为核心，构建"种植—加工—营销—管理"协同发展模式，推动新疆林果产业提质增效与农民增收。

（一）种植管理：科技赋能与利益联结双轮驱动

公司推行"企业+合作社+种植基地"模式，针对新疆林果种植技术落后、营销薄弱的现状，联合新疆农业科学院、西北农林科技大学等机构，通过"科技小院"平台开展标准化种植培训。在核桃主产区，专家团队深入田间指导病虫害防控、夏季管理等技术，提升通风透光与丰产能力，累计改良果树4500亩，带动亩均增收超30%，并以兜底包销保障农户收益。公司与81家合作社合作，组织超1000场培训、覆盖5.6万人次，吸纳3900人就业，146户农民成为股东并获180万元分红，实现"技术升级—产量提升—收益共享"的闭环。

（二）加工生产：严选标准与智能管控并重

公司自建15000平方米生产车间、800平方米实验室及10万级无尘车间，制定高于国标的企业标准。原料入厂需经自检或第三方检测，生产过程采用"3轮机器筛选+2轮人工精选"，仅10%原料可被制成终端产品。依托数字化质量管理平台，实现从田间到餐桌的全程追溯，确保产品品质稳定可靠。

（三）营销布局：品牌塑造与全域渠道融合

公司通过央视展播、与70余家头部媒体合作并组织270余家媒体组成矩阵，打造新疆特色品牌形象。依托四大事业部、五大仓储中心与八大销售网络，覆盖全国14个重点城市；入驻淘宝、京东等600余家第三方平台，构建线上线下一体化销售体系。同时，以"新疆文化+健康生活"为核心，将产品风味与西域元素融入包装设计，传递坚果的营养价值与情感价值，满足消费升级需求。

（四）管理创新：全员共治与数字转型协同

公司推行"全员共治，全员共享"机制，打破层级管理，赋予员工决策权与股权，目前120名员工成为股东，未来80%员工将参与治理与分红。借助信息化管理系统，整合"种植—加工—销售—科研"全链数据，实现质量安全可控与产业链协同。2023年，公司销售额达3.5亿元，2024年突破4亿元，通过全链赋能与模式创新，带动种植户、加工企业与消费者多方共赢，成为新疆农业产业化发展的标杆。

三、企业核心技术装备及产品

公司以创新驱动为核心战略，将每年营收的6%投入研发，构建起"技术研发—产品创新—市场拓展"的全链条发展体系，持续提升核桃制品的工艺水平与市场竞争力。

在技术研发层面，公司依托自治区企业技术中心与博士后科研工作站，联合西北农林科技大学等科研力量，聚焦核桃加工的关键技术攻关。通过持续的研发投入，实现技术快速迭代：开发脱衣核桃仁精准去皮技术，降低苦涩物质残留；运用益生菌发酵工艺，推出酸奶益生菌核桃仁，赋予产品助消化功能；创新调味配方，打造咖喱、藤椒、榴莲等特色风味，满足多元化消费需求。目前，公司已储备15款核桃制品技术，覆盖炒货、糖果、酱腌菜、罐头、预制菜五大品类，为新品开发提供坚实支撑。

在产品创新方面，公司以市场需求为导向，每年推出8~10款新品，其中1~2款定位为潜力爆品。拳头产品枣夹核桃通过精选和田大枣与薄皮核桃，采用低温烘焙技术锁住营养；琥珀核桃仁经独特糖衣包裹工艺，实现甜脆口感与坚果香气的平衡。这些产品凭借独特工艺与卓越品质，在市场中形成差异化竞争优势，推动公司连续多年销售额稳步增长。

公司将持续通过产学研协同创新，开发高附加值核桃制品，如核桃肽保健品、核桃油预制菜等，进一步拓展产品应用场景。同时，公司始终坚守"帮助新疆果农，造福新疆社会"的使命，将技术创新与产业帮扶紧密结合，以科技创新带动农户增收，朝着"产业集群超百亿元，帮扶农户超百万户，持续奋斗超百年"的目标稳步迈进，致力于成为新疆林果产业高质量发展的标杆企业。

第四节　四川凉山亿丰油脂有限公司

一、企业基本情况

四川凉山亿丰油脂有限公司（以下简称"四川凉山亿丰"）于2019年9月由浙江国丰油脂有限公司全额投资成立，作为西昌市招商引资重点项目，承载着衔接凉山脱贫攻坚与乡村振兴的重要使命，是州、市重点培育企业。公司依托浙江国丰的成熟经验，秉持先进管理理念，以龙头企业担当引进智能设备、汇聚研发人才，聚焦食用核桃油精深加工，全力打造省、州级核桃油研产销一体化标杆企业，为地方核桃产业发展注入强劲动能。

在品牌建设与资质认证方面，四川凉山亿丰成绩斐然。公司担任"国家核桃油及核桃加工产业创新战略联盟副理事长单位"，参与起草浓香核桃油团体标准，彰显行业话语权。通过大凉山特色农产品认证、有机产品认证，以及HACCP体系、食品安全管理体系、质量管理体系、环境管理体系、职业健康安全管理体系等多项权威认证，获得"天府乡村""大凉山特色农产品"集体商标标识使用权。近年来，公司荣获"四川省诚信示范企业""有机示范企业""凉山州农业产业化龙头企业"等称号，更在2024年跻身中国影响力品牌"核桃油行业十大品牌"，获评第十四届中国粮油榜"中国十佳粮油电商引领企业"，入选品牌强国·自主品牌优选工程"核桃油行业优选成员单位"，品牌影响力与市场认可度持续攀升。

科技创新是企业发展的核心驱动力。四川凉山亿丰积极践行创新驱动发展战略，高标准建设实验室，构建起先进的核桃油及核桃蛋白加工技术体系与质量控制体系。公司累计投入超1000万元开展科研项目，成功取得2项发明专利与15项实用新型专利，覆盖核桃油提取工艺优化、产品质量检测等关键领域。这些技术成果有效提升核桃油生产效率与产品品质，例如专利技术加持下的核桃油提取工艺，在保证营养成分留存的同时，大幅降低生产成本，为企业在核桃油市场竞争中构筑起坚实的技术壁垒，推动企业朝着核桃油产业高质量发展目标稳步迈进。

二、企业典型经营模式

四川凉山亿丰以大凉山高山有机核桃为核心资源，构建起覆盖研发、生产、销售的全产业链经营模式，形成"研产销一体化、多方协同共赢"的发展格局。在产业布局上，公司一期项目建成36360平方米的研发楼、厂房及库房，配备分选、剥壳、压榨等智能化生产线，同时设立浙江、四川双营销中心，搭建起贯通上下游的核桃产业"供应链"。依托这一体系，公司创新三大经营模式。

（一）研发创新

采用"公司+专业团队+专家工作站"模式，联合高校、科研机构及行业专家，聚焦核桃油加工技术攻关与标准制定，担任浓香核桃油团体标准起草单位，以技术创新驱动产品升级。

（二）原料供应

通过"公司+基地+合作社+农户"运作模式，与凉山11个县市签订购销合同，2024年累计收购优质核桃1.5万吨，带动数万农户增收。公司为农户提供种植技术指导，保障原料品质与稳定供应，实现企业与农户的互利共赢。

（三）市场拓展

构建"公司+电商平台+大型商超+大客户""公司+合作社"批零兼营体系，线上入驻主流电商平台，线下布局商超渠道，并与合作社合作拓展区域市场，形成多元化销售网络。

公司二期项目正加速规划建设，目标建成年收购20万吨干核桃、年产2万吨核桃油的产业基地，预计实现年销售收入10亿元、利税1亿元，届时将实现凉山全州核桃产出全收购。这一规划不仅大幅提升产能，更通过延长产业链、提升附加值，放大核桃产业的经济效应；同时，依托核桃树的生态功能，实现生态效益与经济效益的协同发展。

三、企业核心技术装备及产品

四川凉山亿丰自一期项目投产以来，以科技创新为引擎，深化产学研合作，联合专业团队研发新型核桃仁、核桃蛋白加工工艺技术，秉持"质量第一、创新发展"理念，整合产业链资源，推动核桃油产品矩阵升级，提升产品综合效益与市场竞争力。

在核心技术与产品研发上，公司构建起独特的技术体系与丰富的产品线。依托先进的恒温精制技术，其拳头产品"山中贝尔"压榨浓香核桃油精选大凉山优质核桃，经人工采摘确保原料天然营养，在加工过程中通过精准控温，最大限度保留核桃多酚等活性成分，使油品清澈透亮、风味醇厚，且无添加、零胆固醇，适合全年龄段人群食用；"伽利庄园"系列涵盖初榨、炒菜核桃油，以不同工艺满足多样化烹饪需求；"阿达火锅油碟"有机核桃油则聚焦细分市场，为餐饮场景提供特色产品。同时，公司运用数字化管理系统，实现从原料采购、生产加工到终端销售的全流程追溯，保障产品质量安全。

品牌建设方面，公司打造"山中贝尔""伽利庄园""阿达火锅油碟"等知名品牌，凭借优质产品与创新工艺，在市场中树立了良好口碑。这些品牌不仅代表着高品质的核桃油产品，更承载着大凉山特色农产品的地域优势与生态价值。

在企业发展战略层面，四川凉山亿丰始终坚守"感党恩、听党话、跟党走"的信念，将家国情怀融入经营发展，依托"浙江企业+四川资源"的协作模式，以核桃油精深加工为核心，深度参与凉山脱贫攻坚与乡村振兴战略。通过推动当地核桃产业从单一种植向全产业链升级，公司助力核桃成为农户的"致富果"，促进"生态产业化、产业生态化"的绿色转型，为地方经济高质量发展和新质生产力培育注入源源不断的动力，展现出企业的社会责任与使命担当。

第五节　四川良源食品有限公司

一、企业基本情况

四川良源食品有限公司（以下简称"四川良源"）于2015年8月扎根四川省巴中市南江县东榆工业园区，依托南江县全国优质核桃产地的资源优势，专注深耕核桃全系列产品的研发、生产与销售。公司总投资2亿元，占地30亩，构建起完善的生产体系，包括13000余平方米标准化厂房、2500余立方米冷冻库房，配备2条木本油料生产线与5条休闲食品生产线，年可消耗1万吨核桃干果，实现2亿元产值规模。

在技术与品牌建设上，四川良源成果丰硕。现已斩获30余项专利证书、20多个商标证书，通过质量管理体系（ISO 9001）、危害分析与关键控制点（HACCP）体系认证，获得有机食品认证及核桃、核桃油等国家地理标志产品认证，以严苛标准保障产品品质。凭借创新实力与优质产品，四川良源屡获殊荣，不仅被评为四川省省级重点龙头企业、高新技术企业、专精特新企业等，还荣获"纳税百强企业""工业经济发展突出贡献企业"等称号；产品更是在多个国家级展会中脱颖而出，揽获生态旅游博览会商品展金奖、中华品牌商标博览会金奖、中国国际农产品交易会最受欢迎产品奖等荣誉，品牌影响力与市场认可度持续攀升，成为核桃产业领域的标杆企业。

二、企业典型经营模式

四川良源以"基地建设、科技研发、精深加工、市场销售"四位一体的全产业链模式，构建核桃产业发展闭环。在原料端，四川良源通过"企业+合作社+农户"订单农业模式，牵头成立核桃专业合作社，与农户签订保底价收购协议，消除种植风险；免费提供有机农资，从源头把控品质，提升产品附加值。目前，南江县核桃种植规模达30万亩，15万亩进入盛产期，覆盖32个乡（镇）200余村，带动7.9万户、25.5万农民人均增收1600余元，实现农户增收与原料稳定供应双赢。

技术研发方面，四川良源深化产学研合作，携手四川大学等高校共建核桃产品与林产品研发中心。联合开发核桃油专用生产线，运用低温物理冷榨技术，完整保留核桃多酚、不饱和脂肪酸等营养成分，为产品品质提升与精深加工提供技术支撑。

市场拓展方面，四川良源创新"互联网+物联网"营销体系，依托电子商务平台与新媒体渠道，搭建线上线下融合销售网络。产品不仅畅销北京、上海等国内一线城市，更远销新加坡、意大利等海外市场，将南江核桃品牌推向全球，实现从田间到国内外餐桌的全链条贯通，成为区域经济发展与乡村振兴的产业标杆。

三、企业核心技术装备及产品

四川良源以"光雾良源""莱蒙瑞斯"两大品牌为核心，聚焦有机核桃全产业链开发，打造涵盖有机核桃油、有机核桃果、每日坚果的明星产品矩阵，凭借技术创新与严苛品控抢占高端市场。四川良源核心产品有机核桃油，精选秦巴山区优质核桃，依托自主研发的低温物理冷榨生产线，在低于60℃环境下萃取，完整保留核桃多酚、不饱和脂肪酸等营养成分，同时杜绝化学添加剂。从原料筛选到成品出厂，历经12道质检工序，获得ISO 9001、HACCP、有机产品及国家地理标志产品四重认证，以卓越品质成为高端食用油市场标杆。

有机核桃果严选大巴山自然成熟大果，采用"零深加工、零漂白"工艺，仅经晾晒处理，完整保留核桃原色原味与天然营养，通过有机产品及地理标志双重认证，满足消费者对原生态食品的需求。每日坚果则创新推出"6种果仁科学配比"方案，运用轻加工技术，拒绝油炸与人工调味，实现蛋白质、膳食纤维、微量元素的均衡搭配，以健康理念引领休闲零食新风尚。依托全自动化生产线与智能仓储系统，四川良源实现从原料处理到包装出厂的全流程数字化管控。凭借技术壁垒与品质优势，产品畅销国内一线城市高端商超，并出口至欧美、东南亚市场，多次亮相国际农产品博览会，成为中国核桃精深加工领域的代表性品牌，持续推动"中国好核桃"走向世界。

第六节 几点启示

从上述核桃产业重点企业的发展实践中可获得以下启示：科技赋能是核心驱动力，企业需强化产学研合作，如摩尔农庄联合科研机构破译核桃基因；全产业链模式是关键路径，通过"企业+基地+合作社+农户"整合种植端，以智能化加工提升生产效率（如四川凉山亿丰的智能生产线），并依托电商、商超等多元渠道拓展市场，实现"种植—加工—销售"闭环，如四川良源食品有限公司通过订单农业与全球营销网络带动农户增收；标准引领与品牌建设是竞争力保障，参与制定国家/行业标准（如摩尔农庄制定干燥技术规程），塑造区域公用品牌（如"大凉山特色农产品"），并借助认证体系（有机、地理标志）提升产品信任度，这些措施也是打开高端市场的关键；社会责任与产业协同是可持续基础，企业深度融入地方乡村振兴，通过保底收购、技术培训带动农户就业增收（如喀什疆果果带动5万农户脱贫），同时兼顾生态效益（如核桃树固碳功能），实现经济价值与社会价值的统一。这些经验表明，核桃产业高质量发展需以科技为引擎、以全链为支撑、以标准品牌为纽带、以共富为目标，方能实现从"资源优势"到"产业优势"的跨越。

第五章

核桃产业发展的代表性产品

第一节　核桃休闲食品

一、混合坚果仁

混合坚果仁是将多种坚果如核桃、杏仁、腰果、巴旦木、夏威夷果等经过加工后混合而成的产品，集合了各种坚果的营养成分，富含优质蛋白质、健康脂肪、维生素、矿物质和膳食纤维等，具有较高的营养价值，能为消费者提供丰富的营养。国内混合坚果仁市场早期以传统坚果销售模式为主，消费者自行挑选不同坚果混合。随着生活节奏加快与消费观念转变，2010年前后，预包装混合坚果仁产品开始涌现，如沃隆推出的"每日坚果"，开创了定量、营养搭配的混合坚果销售先河。此后，洽洽、三只松鼠、良品铺子等品牌纷纷入局，线上线下销售渠道不断拓宽，产品种类日益丰富，从基础坚果搭配延伸至添加果干、籽类，市场规模持续扩大，成为休闲食品领域的热门品类。

市场上的混合坚果产品大多数以"果仁+果干"混合为小包装的形式出售，被称为"每日坚果"，不仅方便携带，且分量符合中国居民每天应食用坚果类食物25~35克的建议。混合坚果市场规模继续增长，预计2025年，全球混合坚果市场产值将达到数十亿美元（数据来源：混合坚果行业市场发展概况分析），中国和印度市场规模领先。根据公开发布的信息，三只松鼠2024年坚果零食占据几乎一半销售额，其中主要增长贡献是混合坚果；百草味的混合坚果品牌占比也达60%以上（数据来源：《中国糖果》）。经过10年的市场深耕与激烈角逐，混合坚果不仅在众多坚果品类中站稳脚跟，更是牢牢占据销售核心地位，成为各大品牌当之无愧的"销量担当"。在选购混合坚果时，除了考虑品牌、成分、产地、气味和日期等因素，还需要注意坚果的占比。例如，沃隆每日坚果A（混合果仁）的坚果占比达到了75%，惠宜每日坚果（混合果仁）的坚果占比为72%，而天优每日坚果（坚果+果干）美味款的坚果占比则为68%。混合坚果市场在过去几年中呈现出稳步增长的趋势，主要是由于人们对健康食品的需求增加，以及对高蛋白、低卡路里零食的需求增加。2024年，市场上有一些新出现或崭露头角的核桃坚果品牌及产品，其中"源之态"品牌入选了2024年云南省"绿色云品"品牌目录；"虎坚果先生"荣获2024年全国"乡村振兴赋能计划""品牌兴农优质选题"；良品铺子2024年推出了野山高海拔核桃新产品。

二、风味核桃仁

风味核桃仁是核桃仁经过特殊处理和调味后，制成的多种口味的产品，如蜂蜜核桃仁、五香味核桃仁、奶油味核桃仁等，满足了消费者多样化的口味需求。核桃仁本身富含蛋白质、不饱和脂肪酸、维生素和矿物质等营养成分，经过加工后，其营养成分依然得到保留，同时风味的改善也增加了消费者的食用意愿，有助于人们更好地摄取核桃的营养。风味核桃仁的生产加工提高了核桃产品的附加值，增加了企业的利润和农民收入。如武定白路镇通过"农户+强村公司+龙头企业"模式，2024年带动农户增收1900多万元，强村公司计提盈利40万元，促进了当地经济发展。

随着消费者对健康食品、休闲食品的关注度不断提高，风味核桃仁以其美味和营养的双重优势，受到越来越多消费者的喜爱，市场需求呈增长趋势。尤其在电商平台上，销售渠道更多，消费者购买更加便捷，进一步推动了其市场发展。未来风味核桃仁的发展趋势为健康化、高端化和多元化。首先，消费者对健康食品的需求持续增加，未来风味核桃仁的生产可能会更加注重减少添加剂的使用，采用更天然、健康的调味料和加工工艺，以满足消费者对健康的追求。另外，随着消费升级，消费者对高品质、高附加值的产品需求上升。一些品牌可能会推出高端产品线，选用优质的核桃仁原料，采用精细的加工工艺，打造高品质的风味核桃仁产品，并在包装和营销上突出高端定位。同时，除了传统的口味，企业可能会不断研发新的风味，如结合流行的茶饮口味、水果口味等，开发出更具特色的风味核桃仁。产品的包装形式和规格也可能更加多元化，以满足不同消费场景和消费群体的需求。

三、核桃仁创新产品

核桃仁创新产品是指在传统核桃仁产品基础上，通过对原料、加工工艺、口味、包装、产品形态等方面进行创新，以满足消费者不断变化的需求和市场趋势的新产品，包括原料、加工工艺、口味及产品形态创新等，以下是一些主要的创新产品及其特点：

（一）零食棒

核桃仁被用于制作各种零食棒，以满足风味和营养要求。通常做法是将核桃仁碾碎或保持完整颗粒，与其他食材如谷物（燕麦、糙米等）、果干（葡萄干、蔓越莓干等）、蜂蜜、糖浆、巧克力、植物蛋白等混合，通过特定工艺制作成便于手持食用的棒状形态。三只松鼠2024年营收达106.22亿元，坚果产品收入占总营收50%以上，其中含核桃仁的混合坚果棒系列产品贡献突出。此外，众多品牌如百草味、三只松鼠等企业开始布局坚果棒市场，好丽友、徐福记、沃隆、玛氏等企业也推出相关产品，市场竞争激烈的同时，也推动核桃零食棒等细分产品不断创新与发展。

（二）巧克力制品

核桃仁被用于制作山核桃巧克力、山核桃冰淇淋等甜品，这些产品结合了核桃的香脆口感和巧克力的丝滑，深受消费者喜爱。费列罗和好时作为巧克力行业的龙头企业，虽未专门推出主打山核桃的巧克力制品，但在部分高端、混合坚果巧克力产品线中会使用山核桃作为原料。国内团圆人专注于山核桃巧克力制品的开发，其推出的山核桃巧克力"心上仁"独具特色，自2023年上线以来，市场反响热烈，其独特加工工艺获评"浙江省非物质文化遗产"，为产品品质与市场竞争力提供有力支撑。

（三）啤酒

核桃仁还被用于制作山核桃啤酒，为传统啤酒带来了新的风味和口感体验。山核桃啤酒的基础酿造原料符合传统啤酒酿造标准，以麦芽、水为主要成分，加入啤酒花增添独特苦味与香气，经酵母发酵使麦芽汁中的糖分转化为酒精和二氧化碳。与普通啤酒不同的是，山核桃啤酒制作时会添加山核桃或其提取物。部分酿造商会将山核桃烘烤后，直接碾碎投入麦芽汁中参与发酵，这样能让山核桃在发酵过程中充分释放风味物质，赋予啤酒浓郁的坚果香气与微微焦香。目前，山核桃啤酒在整个啤酒市场中仍属小众细分品类，作为特色饮品在一些旅游景区、特色酒吧等场所销售，由于消费者对其认知度普遍不高，市场推广面临挑战，短期内难以与传统啤酒品类竞争市场份额。但从长远来看，随着特色饮品市场不断扩容，山核桃啤酒若能解决原料供应稳定性、提升产品口感与品质、加强品牌营销，市场前景较为乐观。

核桃仁创新从多维度为行业带来显著推动作用，在满足消费者层面，它以多元口味、契合健康追求及适配多样场景来满足大众需求；在提升竞争力方面，它凭借差异化优势和价值提升，在竞争激烈的市场中脱颖而出；就产业发展而言，创新不仅能拓展市场边界，让更多消费者接纳核桃仁产品，还能带动产业链上下游革新，促使种植、加工、包装等环节升级，全方位推动核桃仁产业蓬勃发展。

第二节　核桃油产品

一、特定人群核桃油

2024年，核桃油产业在政策支持与技术创新驱动下，呈现出产量稳步增长、消费需求多元化、产业链延伸加速态势。全球核桃主产区中，中国以36.14%的产量占比稳居首位，云南、新疆、四川三省区贡献全国65%产量，其中云南楚雄大姚县建成首条"水代法"生态制油生产线，年产能达2200吨，推动规模化量产。在消费端，国内市场规模预计突破200亿元，华东、西部、华南为核心区域，健康属性驱动其在高端餐饮、烘焙及保健品领域的应用扩展，如云南"广天成"牌有机核桃油月销售额达400万元。

核桃油具有良好的脂肪酸组成和丰富的微量成分，对人体健康有益。2024

年，特定人群核桃油总产量约1.2万吨（占全国核桃油总产量的18%），市场规模约45亿元（同比增长12%），其中针对孕妇、婴幼儿、老年人的细分市场占比达35%~40%，产值约15.8亿~18.0亿元，主要集中在山东、四川、陕西三大产区：山东（"富世康""鲲华"）产量占比40%，依托华北原料优势和冷榨技术，主打中高端市场；四川（"童圣""郧西"）产量占比30%，以有机认证产品为主，通过电商渠道快速扩张；陕西（"山之娇"）产量占比20%，聚焦硒元素强化产品，主攻礼品市场。

中国生产的特定人群核桃油代表产品包括："童圣"（孕妇/婴幼儿）、"英氏"（婴幼儿）、"山之娇"（老年人）、"富世康"（老年人）、"鲲华"（产后女性/儿童）等品牌，分别针对不同人群提供DHA补充、脑发育支持、抗氧化等功能。其中，婴幼儿市场占比最高（约45%），产值7.1亿~8.1亿元，"英氏""爷爷的农场"等品牌主导，产品均价80~120元/110毫升。孕妇及产后女性市场占比30%，产值4.7亿~5.4亿元，"童圣""鲲华"等品牌通过"有机+DHA"概念占据主流，产品均价130~180元/250毫升。老年人市场占比25%，产值4亿~4.5亿元，"山之娇""富世康"凭借"高亚油酸+抗氧化"功能定位，产品均价90~140元/250毫升。

二、轻喷核桃油

轻喷核桃油采用"阀门上袋"系统，通过按压喷嘴，由于氮气压缩了罐内的袋，核桃油以精细的喷雾形式排出，可以减少油用量，保证核桃油的品质。中国轻喷食用油行业近年来发展迅速，市场需求迅速增长，2023年市场规模达到120亿元人民币，较2022年的104.3亿元增长了15%；预计到2025年，市场规模将扩大至168亿元，复合年增长率约18%，这一增长趋势反映了消费者对健康、便捷食品需求的增加，以及行业创新和技术进步的推动。

目前，中国市场上的主要品牌包括"金龙鱼""时珍""农夫世嘉"和一些国外品牌，如意大利品牌"Mantova""碧欧奇""Goodsome"等，除此之外，一些母婴品牌，如育圃御敏、小鹿蓝蓝等也占据了一部分市场份额。2023年，"金龙鱼"在中国轻喷食用油市场的份额达到了30%，位居第一。预计到2025年，以中国轻喷核桃油为代表的高端产品，将会扩大其在轻喷食用油中占据的市场份额。

三、粉末核桃油

核桃油不饱和脂肪酸中的容易受外界环境影响而发生氧化分解反应，产生刺激性气味，从而导致核桃油酸败变质，严重影响核桃油保质期及产品质量。利用微胶囊化技术将核桃油包裹在壁材里制成粉末油脂，能够有效防止外界环境中氧气、热、光及化学物质与核桃油的接触氧化，从而避免核桃油的酸败变质，提高核桃油在储存过程中的氧化稳定性，延长核桃油的保存期，保证产品在保质期内的质量不受影响。

目前，粉末核桃油主要采用喷雾干燥（80%企业使用）和冷冻干燥（高端产品）技术，包埋率普遍在85%~92%，优质产品可达95%以上。壁材方面，改性淀粉（麦芽糊精）占据主导地位，而乳清蛋白和膳食纤维（如抗性糊精）因健康趋势逐渐受到关注。2024年，中国粉末油脂市场增长明显。国内总产量预计达到17.5万吨，占全球35%以上，比2023年增长约20%。增长的主要原因是婴幼儿奶粉新国标实施（强制添加ARA/DHA等营养素），同时健康食品需求快速增加，比如中老年人保健品和运动营养品。国内市场需求量增长超过18%，市场规模预计突破300亿元人民币。

国内企业表现突出。例如，嘉必优生物技术（武汉）股份有限公司的ARA和DHA粉末产量超过1800吨，比2023年增长20%。他们重点推进HMOs（母乳低聚糖）粉末的量产，使用微生物发酵技术，产品已进入多家奶粉企业供应链。广东润科生物工程股份有限公司新增一条微胶囊生产线，主要生产鱼油粉和核桃油粉，年产能扩大30%。山东天绿源食品有限公司推出针对糖尿病人群的"低糖型MCT粉末"，采用低温喷雾干燥技术，保留油脂活性成分。

第三节　核桃蛋白产品

一、核桃蛋白乳

核桃乳呈乳白色乳液状，口感细腻润滑，有核桃浓香，是以核桃仁、纯净水为主要原料，经现代工艺制成的植物蛋白饮料，富含不饱和脂肪酸和磷脂，可健胃润肺、养神补血、保护脑神经，适合日常保健饮用。在过去10年中，超市的乳制品已经发生了转变，植物基产品正在逐渐普及。2024年，全球乳制品替代品市场规模约为2377.4亿元人民币，市场容量为1338.56亿元人民币（Fortune Business Insights公布数据）。2024年，中国乳制品替代品市场规模为390.46亿元人民币，预计到2025年，中国乳制品替代品市场规模将达到700亿元人民币（格隆汇公布数据），复合年增长率约为15%（北京博研智尚信息咨询有限公司公布数据）。2023年，我国植物蛋白饮料行业市场产量约为386.77万吨，需求量为378.77万吨，从细分市场来看，核桃乳饮料的需求量为136.5万吨，占比36.04%（智研咨询公布数据），市场份额在我国植物蛋白饮料行业市场处于前列。中国核桃乳行业市场规模近年来一直保持着良好的增长态势，未来仍将保持良好的发展趋势。

中国核桃乳行业的重点企业有内蒙古伊利实业集团股份有限公司、杭州娃哈哈集团有限公司、河北养元智汇饮品股份有限公司、承德露露股份公司、福建盼盼食品有限公司、北京三元食品股份有限公司。河北养元深耕核桃营养研究，推出养生、五星及无糖高钙六个核桃三大系列产品，满足多元健康需求。养生系列以太行山优质核桃为原料，采用低温冷萃技术保留原生营养，口感醇厚无添加，适合全家人日常滋补；五星系列严苛甄选原料并采用专利研磨工艺，打造细腻口感与高端礼盒设计，成为礼遇佳选；无糖高钙六个核桃创新零蔗糖配方，钙含量提升30%并添加植物乳杆菌，兼顾控糖与补钙需求，专为健康敏感人群定制。全系产品秉持"真材实料、科学营养"理念，以差异化定位覆盖家庭消费、礼赠场景及精准健康需求。摩尔农庄推出的祥核无糖核桃乳与航天标准聪滋核桃乳，以高原有机核桃为核心原料，结合冷压榨技术与航天级食品标准，打造健康营养饮品。祥核无糖版核桃乳采用低GI天然代糖，零蔗糖添加，保留核桃原生营养，适合控糖人群及追求健康生活方式的消费者；聪滋核桃乳则通过国家科研机构技术背书，强化Omega-3脂肪酸、磷脂等脑活力成分，符合航天食品严苛标准，助力脑力提升，两款产品以科技赋能实现口感细腻与营养留存，以满足不同消费场景下的健康需求。近几年，行业领先企业以传统核桃乳为基底，通过创新融入多元特色原料与先进加工工艺技术，打造了复合型核桃乳产品，以差异化风味矩阵与精准化营养配比，深度契合消费者细分需求，推动核桃乳品类向品质化、多元化方向进阶。例如，杭州山德香料有限公司探究了以酶解燕麦粉和核桃为原料，配以白砂糖、白巧克力及其他辅料，研制燕麦核桃乳植物蛋白饮料。其燕麦核桃乳植物蛋白饮料的配方为酶解燕麦粉添加量2.0%、核桃添加量2.5%、白巧克力添加量1.0%、白砂糖添加量6.5%，均质压力35兆帕、温度70℃、均质两次。在此最佳条件下，可制备得到口感细腻滑润、风味浓郁、营养健康、品质稳定的燕麦核桃乳植物蛋白饮料。河北绿岭合田食品有限公司以核桃为原料，采用经驯化扩培的复合益生菌菌种进行发酵，探究研制出一种具有核桃特有风味、酸甜爽口的发酵核桃乳饮料。

二、核桃肽产品

核桃肽是以脱脂核桃粕/核桃蛋白为原料，通过生物酶解技术（如复合酶梯度定向酶切）、发酵和低温膜分离技术制成小分子活性肽，通常将分子量精准控制在1000道尔顿以下，基于核桃肽开发的个性化健康食品、功能性食品和保健品具有广阔的市场前景。目前，我国植物肽行业处于快速成长期，产能、产量以及需求量均保持较快增长，2023年，中国植物肽市场规模达120亿元，占全球市场的1/4，随着科学界对植物肽药理作用和应用研究的不断深入，植物肽应用范围将逐渐拓展，市场需求将持续增长，预计到2025年，全球植物肽市场规模将增长至160亿元（博研咨询在线网公布数据）。北京博研智尚信息咨询有限公司数据表明，2023年，中国核桃肽粉市场规模达到了约12.5亿元人民币，同比增长15%，这一增长主要得益于消费者对健康食品需求的增加以及核桃肽粉在改善记忆力、增强免疫力等方面的显著功效。2025年，核桃肽粉市场规模将进一步扩大至16.8亿元人民币，继续保持较高的增长态势。核桃肽综合性能优良，在众多领域应用广泛，目前主要应用于医药（如肽疗法）、保健品（健脑益智、抗氧化）、食品饮料（功能性添加）等，其中保健品和功能性食品占比超过50%。华东、华南和华中地区是核桃肽消费主力区域，占全国市场份额的60%以上，主要得益于经济发达、健康意识强及产业集群效应。

我国核桃肽主要生产企业包括华北制药集团有限责任公司（以下简称"华北制药"）、山西原生肽科技有限公司、中食都庆生物科技有限公司等。泓九原生肽将低温压榨后的山核桃饼粕，经低温研磨、液态提取、低温复合酶解等12道自研生产工艺，将蛋白质分解成高生物活性的小分子肽，其中相对分子质量小于1000道尔顿的小分子肽占比高于80%，人体吸收率在90%以上，最大限度解决导致智力衰退的氧化应激和神经炎症的问题，将人体智力提升到新的阶段。华北制药推出的小分子肽蛋白质营养粉中，将核桃肽与骨胶原蛋白肽、玉米低聚肽、小麦低聚肽和大豆肽混合，打造黄金比例。以岭健康科技有限公司研发推出具有促睡眠功效的酸枣仁核桃肽植物饮料，配料包含核桃肽、酸枣仁、茯苓、桑葚、橘皮、山楂、枸杞等。近几年，核桃肽复合饮品，包括"核桃肽DHA藻油海参饮""磷脂酰丝氨酸DHA藻油核桃肽饮品""DHA藻油核桃肽蓝莓饮"等在市场陆续推出，主打补充脑营养、提高记忆力并迎合消费者对于不同口味产品的需求。随着研究深入、技术进步，我国核桃肽应用范围不断扩展，高质量产品市场占比有所提升。未来随着国家政策支持、市场消费升级、技术创新和本土企业持续发力以及下游需求不断增长，我国核桃肽行业发展前景将持续向好，但需克服标准不完善和研发短板。未来企业应聚焦高端化、功能化产品开发，并强化产业链协同，以把握场景化市场机遇。

三、核桃酸奶

植物基酸奶营养健康、口味独特，日渐受到消费者的青睐。全球植物基酸奶市场规模从2018年的9.74亿美元增长至2023年的20.2亿美元，年复合增长率达17.8%，预计到2027年将突破64.6亿美元，Grand View Research数据预测，2020—2027年，预计年复合增长率为18.9%。中国市场仍处于初级阶段，但消费需求缺口明显。根据英敏特公布数据，亚太地区植物基酸奶仅占全球植物基品类的5%，且国内品牌布局较少。相较于传统动物基酸奶，植物基酸奶具有高蛋白、零胆固醇、多优质脂肪、微量元素丰富等特点，非常适合追求健康、牛奶过敏和乳糖不耐受等特殊人群食用。核桃酸奶是植物基酸奶的重要分支，其结合了核桃的健脑、抗氧化功效与酸奶的益生菌功能，契合消费者对"营养+功能"双重健康属性需求。但由于专用发酵菌种缺乏和加工技术"瓶颈"尚未突破，市售产品存在发酵效果欠佳、典型风味不足等问题，严重阻碍了产业健康发展。

中国农业科学院王强研究团队联合新疆天润乳业股份有限公司，针对核桃酸奶开发中的关键技术难题取得突破，通过筛选、分离和纯化，获得适用于核桃酸奶发酵的植物乳杆菌WL-100，该菌株已在中国微生物菌种保藏管理委员会普通微生物中心完成保藏，并实现中试级别菌粉生产。核桃酸奶工艺创新采用超高温瞬时杀菌技术（UHT）制备核桃酸奶，通过优化的料液比与UHT工艺结合，显著提升了搅拌型核桃酸奶的综合品质，实验过程中测试了不同料液比（1∶8、1∶10、1∶12、1∶14、1∶16）对搅拌型UHT核桃酸奶品质特性的影响。研究结果表明，料液比为1∶12时，核桃酸奶的质构特性最佳，其硬度、稠度和持水性显著高于其他组别，归因于适宜的蛋白质浓度促进了乳酸菌发酵及谷蛋白凝胶网络的形成，使pH稳定于4.2左右，符合优质酸奶标准。核桃酸奶经过UHT处理有效杀灭了大肠埃希菌、霉菌等微生物，所有组别在21天贮藏期内均符合微生物限量要求，验证了UHT技术在延长保质期和保障安全性方面的优势。流变学分析表明，所有样品均呈假塑性流体特征，剪切稀化现象显著，与蛋白质网络破坏及脂肪球重排相关。研究证实了通过优化料液比并结合UHT工艺，可显著提升核桃酸奶的质构稳定性、营养保留及感官品质，为植物基酸奶的工业化生产提供了关键理论与技术依据，对核桃酸奶的生产工艺优化与质量控制具有重要的指导意义，也为相关产品的开发提供了参考。未来将进一步探索菌种适配性、风味强化技术及低成本工艺，以推动核桃酸奶从实验室向规模化生产的转型，满足消费者对健康、风味与质地的多元需求。

第四节 核桃副产物产品

一、核桃壳产品

2023年，我国核桃壳产量约为243.3万吨，总加工量约为15万吨，产业产值约为21亿元，其中电极负极材料（约3万吨）产值约为20亿元，核桃壳活性炭（约1.5万吨）、核桃壳滤料（约3000吨）、核桃壳磨料（约为3000吨）、核桃壳堵漏颗粒（约为6000吨）、核桃壳粉（约1500吨）、宠物床材（约600吨）等产值约为1亿元（2024年调研数据），广泛应用于新能源电池、石油开采堵漏、化工材料、机械抛光、水质净化、化妆品和宠物养护等领域或行业。

（一）电极负极材料

钠离子电池因其成本优势正在成为动力和储能领域的新宠，硬碳负极材料对钠离子电池性能起关键作用，一般采用1000℃高温对核桃壳热解，然后通过碱浸和盐酸纯化制备而成，具有碳源易得、制备方法灵活、结构可调控性高等优点，极具商业化应用潜力。深圳寒暑科技有限公司利用核桃壳开发的钠离子电池负极硬碳材料，电化学性能与日本可乐丽硬碳性能相当，旗下合资公司云南硬碳科技有限公司和新疆厚生生物科技有限公司，每年可消耗核桃壳10万吨以上，年产先进电极材料2万吨，年产值可达15亿元。安徽熊储能源科技有限公司同样利用核桃壳制备硬碳材料，2024年获得万吨级订单，产值5亿元以上。

（二）核桃壳活性炭

汾阳市阳光实业有限公司、石家庄宝日环保技术有限公司和商洛盛大实业股份有限公司是目前利用核桃壳加工活性炭的主要企业，总产量约为1.5万吨，总产值约为2400万元，福建元力活性炭股份有限公司近年来也开始涉足该领域。核桃壳活性炭制备过程是将核桃壳干燥后粉碎至粒径小于0.2毫米，然后置于溶液中进行活化，再在600℃条件下炭化处理即可得到活性炭。核桃壳活性炭具有比表面积大、强度高、粒度均匀、吸附性能强、化学性质稳定、耐酸、耐碱、耐高温等特点，广泛应用于医疗卫生、食品加工、交通能源等领域。

（三）核桃壳滤料

汾阳市阳光实业有限公司、石家庄宝日环保技术有限公司和商洛盛大实业股份有限公司是目前利用核桃壳加工核桃壳滤料的主要企业，总产量约为3000吨，总产值约为600万元。核桃壳滤料制备过程是将核桃壳充分干燥后机械粉碎，过8~35目筛，制成粒径0.5~2.8毫米的颗粒即为核桃壳滤料。核桃壳滤料具有硬度高、耐磨损、抗压性强、不含有毒物质、化学性质稳定、亲水性好、去除油和悬浮物能力强、吸附截污能力强（吸附率为27%~50%）等诸多优点。核桃壳滤料是优质的水质净化过滤材料，广泛应用于油田含油污水处理、化工、冶金等含油工业循环水处理，生活用水及城市给水排水工程等，是取代石英砂滤料，提高水质，大幅降低水处理成本的新一代滤料产品。

（四）核桃壳磨料

汾阳市阳光实业有限公司、石家庄宝日环保技术有限公司和商洛盛大实业股份有限公司是目前利用核桃壳加工核桃壳磨料的主要企业，总产量约为3000吨，总产值约为900万元。核桃壳磨料是一种天然、环保的喷砂、抛光、滚光材料，具有多棱性和不同颗粒度，因此具有优良的耐磨性，不会破坏工件表面，抛光效果良好。核桃壳磨料制备过程是将核桃壳充分干燥后，机械粉碎、抛光，过5~40目筛，制成粒径0.4~4毫米的颗粒即为核桃壳磨料。核桃壳磨料是水晶制品、眼镜配件、竹制品、小五金、轴承、精密仪器、珠宝首饰、电子元件等抛光、去毛刺、去倒角的首选材料。

（五）核桃壳堵漏颗粒

汾阳市阳光实业有限公司、石家庄宝日环保技术有限公司和商洛盛大实业股份有限公司是目前利用核桃壳加工核桃壳堵漏颗粒的主要企业，总产量约为6000吨，总产值约为1200万元。根据颗粒级配原理，核桃壳粉由不同颗粒大小的粗核桃壳粉、中核桃壳粉和细核桃壳粉组成，原料中核桃壳粉、植物纤维、碳酸钙粉以及稳定剂相互配合使用，具有封堵效果好、抗高温高压能力强、无污染的特点。核桃壳堵漏颗粒制备过程是将核桃壳充分干燥后机械粉碎、过筛、风选，形成10%的粒度为20~40目的粗颗粒核桃壳粉、55%的粒度为80~200目的中颗粒核桃壳粉及35%的粒度为300目的细颗粒核桃壳粉，混合均匀后加入烧碱、碳酸钙粉等其他物质加温反应，最后干燥制成粉状的核桃壳堵漏剂。核桃壳堵漏颗粒适用于石油勘探开发过程中出现的井漏和微裂缝地层、渗透性地层、页岩地层、破碎带地层和不易确定漏失位置的漏层堵漏。

（六）核桃壳粉

汾阳市阳光实业有限公司、石家庄宝日环保技术有限公司和商洛盛大实业股份有限公司是目前利用核桃壳加工核桃壳粉的主要企业，总产量约为1500吨，总产值约为1200万元。核桃壳颗粒表面呈多面性，壳硬但不伤害人的皮肤，核桃壳粉可以加入清洁产品或护肤产品，能有效去除肌肤尘埃、污垢、多余油脂、老化角质及死皮，达到软化角质深层洁净皮肤，使肤质细腻光滑，增强皮肤新陈代谢活力。核桃壳粉制备过程是将干燥后的核桃壳粉碎研磨成粒径为0.075~0.5毫米的核桃壳粉，经过除尘、分选、磨碎、抛光、风选筛分、高温消毒、紫外线杀菌、装袋等工序制备而成的化妆品添加剂，广泛用于生产磨砂膏、肥皂、手工香皂、洗手液、沐浴露、面霜的添加剂。

（七）宠物床材

汾阳市阳光实业有限公司和商洛盛大实业股份有限公司是目前利用核桃壳加工宠物床材的主要企业，总产量约为1000吨，总产值约为600万元。核桃壳颗粒具有较好的吸水性和除臭性，易于宠物粪便和尿液结团，便于收集处理，也可以用于生产控制气味的宠物床材，不仅能够有效解决宠物排泄物造成的环境污染问题,而且能够达到天然降解的作用,在欧美等国家很有市场潜力。核桃壳宠物床材制备过程是将核桃壳粉碎后分别过8~14目筛、14~20目筛、20~100目筛加工成核桃壳颗粒,然后将上述不同粒径的颗粒按照1∶2∶1的比例混合,再加入一定比例的钠基膨润土、麦饭石粉、柠檬酸、碳酸氢钠、羧甲基纤维素钠等搅拌混合均匀,在300℃、压缩比为1∶6的条件下制粒,然后用对辊式粉碎机将颗粒粉碎,过3~20目筛即可生产宠物床材。

二、核桃分心木产品

核桃分心木即核桃仁内隔膜,是夹在核桃仁之间的木质小薄片,颜色呈棕色至浅棕褐色,约占核桃总质量的4%~5%。核桃分心木富含黄酮、多糖和多酚等多种生物活性物质,一般作为中药材和茶饮品使用,具有健脾固肾、利尿清热、涩精等功效,同时因其有降糖降脂、抗炎和抗癌的作用在医药行业具有较大的应用潜力。

分心木中药材主要是秋、冬季采收成熟核桃果,击开核壳,取出核仁后,收集果核内的木质隔膜,晒干,除去杂质即可。目前,炒焦的分心木在中成药清宫寿桃丸中进行使用,具有补肾生精、益元强壮的功效。分心木茶的制备方法与中药材类似。分心木在泡水时,每次用量不宜过多,以3克左右为宜。首先,将分心木置于杯中,再倒入约200毫升70~80℃的温开水进行冲泡,等待2~5分钟后即可饮用,但分心木不宜与其他补益药同时饮用,避免补益太过而出现恶心、反胃等消化道反应。为了方便携带,可将分心木经过粉碎、浸提、浓缩、冷冻干燥制成速溶分心木茶粉,能有效保留分心木中黄酮等活性成分。同时,有研究以核桃分心木为主要原料,以红枣、酸枣仁、莲子为辅料研制出核桃分心木饮料,饮料颜色呈枣红色,清亮透明,香味协调,在饮料行业具有较大的市场潜力。

可以通过溶剂提取、超声波辅助提取或超临界流体提取等先进方法提取核桃分心木的活性成分,研究表明,分心木提取物中的多酚类物质具有降脂降糖、抗炎抗癌等功效,未来在减肥食品行业和医药行业具有较好的应用前景。

三、核桃青皮产品

核桃青皮，是指核桃未成熟或刚成熟时最外层包裹的青绿色果皮，生产1千克的核桃干果会产生3~4千克的青皮。2023年，我国核桃青皮产量约1759.8万~2346.4万吨。核桃青皮中富含单宁酸等色素成分，在化工业和食品领域中用作天然着色剂，安全性高，对人体的潜在危害较小。核桃青皮中还含有大量的功能活性物质如萘醌类（胡桃醌）、黄酮和多酚类物质、二芳基庚烷类、萜类以及甾体等，胡桃醌、多酚等物质对炎症、癌症等有较好的治疗效果。

单宁酸是一种纯天然染料，在鲜湿核桃青皮中的含量接近20%，可用作大衣、牛仔裤、皮革等的绿色染料。单宁酸的提取一般采用溶剂提取、辅助超声波和微波提取等先进方法，提取效率达到98%以上。新疆宝隆化工新材料有限公司是全国首家利用核桃青皮提取单宁酸的企业。此外，云南摩尔农庄生物科技开发有限公司建设了10万吨以上的核桃精深加工产业和核桃青皮加工基地，已于2024年6月底投产运营。

胡桃醌是核桃青皮中的主要萘醌类物质，具有抗氧化、抗炎舒缓等多种功效。胡桃醌的提取方法主要包括超声波提取法、微波提取法、超临界CO_2萃取法等，提取量为1.71~11.92毫克/克。有研究发现，将核桃青皮提取物胡桃醌作用于肿瘤细胞后，其可对肿瘤细胞的细胞核、细胞质造成破坏，从而直接杀死肿瘤细胞。

核桃青皮作为核桃产业产量最大的副产物，综合利用水平决定着核桃产业高质量发展的高度。随着市场的开拓和资本的进一步介入，核桃青皮的深加工利用水平将继续提高，加之其含有大量活性成分，在医药保健等领域的潜力巨大，未来会有巨大的市场价值和发展潜力。

第五节 几点启示

核桃产业代表性产品的创新实践为传统农业资源的高效开发与产业升级提供了多维启示。其一，科技创新驱动产品价值跃升。无论是核桃油的"轻喷"工艺与粉末微胶囊化技术，还是核桃蛋白乳的生物酶解制备工艺，均表明技术突破是打破传统加工瓶颈、提升产品附加值的核心动力。通过将工业技术、生物技术融入产业链，核桃产业实现了从初级原料到功能化、便捷化产品的跨越，例如核桃壳转化为电池电极材料、青皮提取物用于医药领域，彰显了科技赋能的无限潜力。其二，市场需求倒逼产品精准定位。针对孕妇、婴幼儿等群体的特定营养油开发，以及混合坚果仁中"高端化""减添加"趋势，均反映出产业对消费痛点的敏锐洞察。通过细分市场、嫁接健康理念，核桃产品成功融入现代快节奏生活场景，如便携零食棒、即饮核桃乳，实现了从传统食材向健康消费品的转型。其三，循环经济模式释放全链效益。核桃副产物的高值化利用是核心启示之一，壳、分心木、青皮等"废弃物"通过技术创新转化为工业原料、医药成分和环保材料，构建了"吃干榨净"的闭环产业链。这不仅降低了资源浪费与环保压力，更创造了跨行业的协同价值，如核桃壳滤料应用于水质净化、堵漏颗粒服务于石油勘探，体现了农业与工业的深度融合。

未来，核桃产业需进一步强化三方面能力：一是深化产学研合作，加速前沿技术向产业化转化，例如提升核桃肽在医药领域的应用深度；二是加强消费者教育，通过功能宣称与科学背书提升高附加值产品的市场认知度；三是完善标准化体系，针对新兴产品（如核桃酸奶、核桃啤酒等）建立品质标准与监管规范，保障行业有序竞争。核桃产业的实践表明，只有以科技为支撑、以市场为导向、以可持续为目标，才能推动农业资源从单一食用向多元价值迸发，为乡村振兴与绿色经济提供可复制的创新范式。

第六章

核桃产业发展效益评价

第一节 核桃产业发展指数

一、核桃产业样本企业

为更好、更直观地反映核桃产业发展趋势，帮助政府部门监测产业发展状况，制定和调整产业政策；帮助企业通过产业指标来判断市场趋势，制定发展战略；帮助研究者通过产业指标来分析和预测产业的发展规律和未来走向。根据国家有关产业指标编制通用规则和办法，研究制定特色优势产业发展指标、创新指标办法。通过调查问卷的方式，征集了核桃主要产区共50家企业，其中，云南7家、新疆13家、陕西8家、四川6家、甘肃3家、山西3家、河北6家、安徽3家、湖北1家；按行业分类为种植和加工兼营企业22家，单一种植企业9家、单一加工企业17家。核桃核心样本企业名单详见表6-1。

表6-1 核桃核心样本企业名单

序号	省（区、市）	企业名称	企业类型
1	云南	云南摩尔农庄生物科技开发有限公司	种植/加工
2	云南	凤庆摩尔百瑞生物科技开发有限公司	种植
3	云南	丽江永胜边屯食尚养生园有限公司	种植/加工
4	云南	云南滇王驿农业科技开发有限公司	种植/加工
5	云南	云南核润农业科技有限公司	种植/加工
6	云南	云南云尚核桃产业有限公司	种植/加工
7	云南	大理漾濞核桃有限责任公司	加工
8	新疆	温宿县红沙漠生态园林开发有限责任公司	种植
9	新疆	温宿县木本粮油林场	种植
10	新疆	新疆浙疆果业有限公司	加工
11	新疆	新疆美嘉食品饮料有限公司	种植/加工
12	新疆	泽普县润泽农业产业发展有限公司	种植/加工
13	新疆	喀什光华现代农业有限公司	加工
14	新疆	喀什疆果果农业科技有限公司	加工/销售

续表

序号	省(区、市)	企业名称	企业类型
15	新疆	新疆若合兰商贸有限公司	加工/销售
16	新疆	新疆核之源农产品有限责任公司	种植/加工
17	新疆	新疆客来木农产品有限责任公司	种植/加工
18	新疆	新疆阿布丹食品开发有限公司	加工
19	新疆	乌什县帅骆驼果业有限公司	加工
20	新疆	新疆塔格拉克生态农业有限公司	种植/加工
21	陕西	渭南市桥南镇谦顺天然特产有限公司	加工
22	陕西	西安市尚秦林业生态园	种植
23	陕西	陕西五谷源食品生物技术开发股份有限公司	加工
24	陕西	陕西大统生态产业开发有限公司	种植/加工
25	陕西	黄龙县干果公司	种植/加工
26	陕西	宝鸡野山村农林科技有限公司	加工
27	陕西	陕西海源生态农业有限公司	加工
28	陕西	陕西雨鹤生物科技有限公司	种植/加工
29	四川	四川横断山核桃有限公司	加工
30	四川	万源市源丰林业有限责任公司	加工
31	四川	凉山亿丰油脂有限公司	加工
32	四川	四川良源食品有限公司	种植/加工
33	四川	雷波县小平特色农产品开发有限公司	种植
34	四川	阿坝州黑金园农林有限责任公司	种植
35	甘肃	甘肃九源农林科技有限公司	加工
36	甘肃	陇小南数字农业综合体	种植
37	甘肃	康县东赢农林产品商贸有限公司	加工
38	山西	山西马一芳食品科技有限公司	加工
39	山西	左权县麻田顺康天然农产品有限公司	种植/加工
40	山西	汾阳市瑞优食品有限公司	加工
41	河北	河北乐活植物油有限公司	加工
42	河北	涞水县万惠种植农民专业合作社	种植
43	河北	河北林博农业科技有限公司	种植

续表

序号	省（区、市）	企业名称	企业类型
44	河北	河北绿蕾农林科技有限公司	种植/加工
45	河北	邯郸市宜维尔食品有限公司	种植/加工
46	河北	涉县大山人家生态农产品专业合作社	种植/加工
47	安徽	安徽富美达农业科技发展有限公司	种植/加工
48	安徽	安徽万利生态农业有限公司	种植/加工
49	安徽	安徽詹氏食品股份有限公司	种植/加工
50	湖北	湖北国众农业有限公司	种植/加工

（一）产业规模

核桃产业和总体经济规模主要从基地种植的一二三产业的加工利用和融合发展两个方面来衡量。一产业涉及种植面积、收获面积、年产量、初级农产品总产值、从业人数等；二三产业涉及年产业增加值、总产值、销售额、库存、就业人数等。

中国核桃样本企业的一产业主要从事种苗培育和基地种植，主要产品为苗木、核桃鲜果、核桃干果等。2024年，核心样本企业中涉及一产业的企业有39家，核桃种植总面积198.85万亩，种植面积最大的企业92.30万亩，最小的0.01万亩；基地超过1.00万亩的企业有15家，种植面积在0.2万~1.00万亩的企业10家，种植面积在0.2万亩以下的企业14家；青皮核桃产量29.91万吨、干核桃产量11.03万吨，按投产面积估算，单位面积青皮果和核桃干果产量分别为150.44千克/亩、55.47千克/亩；初级农产品总产值按青皮果平均价格2.5元/千克计算，产值7.48亿元、376.05元/亩，按干核桃平均价格14元/千克计算，产值15.44亿元、776.58元/亩；从业人数399694人，最多的企业有320000人从事核桃种植相关工作，超过300人的企业9家、100~300人的企业5家，其余企业在100人以下。

中国核桃二三产业主要从事核桃制油生产、核桃蛋白产品生产、副产物利用、加工设备和营销等，2024年样本企业中涉及二三产业的企业有40家。年加工总产值43.61亿元，最高13.22亿元、最低5.00万元；销售额总值68.70亿元，平均1.374亿元、最高13.21亿元、最低70万元；库存总量55046吨，其中核桃干果3121吨、核桃仁20719吨、核桃油8705吨、核桃乳11128吨、核桃蛋白394.00吨及核桃肽75.00吨；带动就业人数66591人，平均每个企业带动就业1332人，最多46000人、最少6人，其中带动就业1000人以上7家，301~1000人企业8家，100~300人企业22家，少于100人企业13家。

（二）产业结构

中国核桃产业结构主要包括青皮核桃、核桃干果、核桃仁等初级农产品加工和产量，核桃油、核桃乳、核桃蛋白、核桃肽和其他精深加工主要产品的量、占比等，以及产业链上下游关系等，用于反映产业内部的构成情况。2024年，50家样本企业共生产青皮核桃29.91万吨、鲜核桃仁1.04万吨、干核桃10.99万吨、干核桃仁2.07万吨、生产核桃油0.87万吨、核桃乳1.11万吨、核桃蛋白/肽0.0075万吨。数据表明，用于干核桃加工比率为85.03%，约有14.97%以鲜食核桃形式消耗；以干核桃为原料，用来加工生产核桃仁的核桃平均占干核桃比率为44.51%，加工生产核桃油、核桃乳、核桃蛋白/肽所用干核桃分别占干核桃比率为22.40%、12.00%和5.00%。

（三）产业效益

中国核桃产业效益评估主要包括年销售额、年成本、年上缴税收、年利润、年资产收益率、年市场份额或占有率等，用于反映产业经营情况和市场表现。2024年，50家企业总销售额68.70亿元，年利润2.36亿元，年上缴利税1.21亿元；企业平均年资产收益率11.77%，市场占有率8.24%；年销售额超过4.00亿元企业4家，1.01亿~4.00亿元企业8家，0.51亿~1.00亿元企业3家，0.10亿~0.50亿元企业16家，其余企业销售额均在0.10亿元以下。2024年，利润4000万元以上的企业1家，利润501万~4000万元的企业9家，利润101万~500万元的企业18家，利润0~100万元的企业15家，亏损企业1家，无相关数据企业6家。

（四）产业发展能力

中国核桃产业发展能力评估指标包括新增生产能力指标和创新建设指标，用于衡量产业的长期发展潜力和竞争优势。中国核桃产业新增生产能力指标包括新增固定资产投资额、技术改造投资额、年新增专利和新增研发品种、年新增生产量。2024年，50家样本企业中，具备新增固定资产含技术改造、年新增专利、新增研发品种、年新增生产量的企业分别有38家、25家、27家、27家。其中，新增固定资产含技术改造总额5.20亿元，平均1039万元，最高10000万元，最低12万元；年新增专利总数115件，平均3件，新增专利最多企业12件；新增研发产品类别109个，平均3个，新增品类最多企业40个；年新增产能总量115049吨，平均2301吨，产量最高83249吨，产量最低0.5吨。

中国核桃产业创新建设指标包括年新增研发投入经费、年培养人才数等。2024年，50家样本企业中，新增研发投入经费和培养人才的企业分别有34家和35家；其中，新增研发投入经费总额10626万元，平均213万元，最高新增研发投入3962万元，最低新增研发投入2万元；培养人才数812人，平均17人，最多培养200人，最少培养1人。

二、核桃产业评价

中国核桃产业评价以促进会提出的指标体系为基础，以2024年为基准年，按照中国核桃产业的各个生产环节赋值后计算出产业发展指数和产业创新指数（见表6-2）。

（一）核心样本企业和基准指数

考虑中国核桃产业不同地区、不同生产类型、不同产品，选取50家企业作为中国核桃产业核心样本企业。以2024年为基期年，指数确定为100。将中国核桃产业核心样本企业12项样本指标分别加和，作为基期数据，按照对应的满分值确定。2024年，50家核心样本企业的单项指标（如种植面积等）加和是100分，基期分值为满分100分，其他以此类推。产业发展指数按年进行计算，以报告期（年度）和基期（2024年）相对比的相对数来表示，指数值大于100，则产业发展水平相较基期有所提高；指数值小于100，则反之；指数值等于100，则报告期产业整体发展水平与基期水平相近。

(二）产业发展指数与产业创新指数

1. 产业发展指数

中国核桃产业发展指数是反映中国核桃产业规模、产能和整体效益的综合指标，选择12项样本指标并给予赋值（权重）：种植面积（10分）、年产量（12分）、种植业从业人数（8分）；年加工总产值（12分）、年销售额（12分）、加工销售就业人数（8分）；年上缴税收（5分）、年利润（8分）、年资产收益率（6分）；年新增资产投入（5分）、年研发经费投入（8分）、年申请专利（6分），即为报告期产业发展指数，共计100分。按报告期（年度）50家样本企业的样本指标加和数与基期（2024年）进行对比，乘以对应权重分值，得出报告期（年度）样本指标。以2025年产业发展指数计算为例。

2025年种植面积指标=（2025年种植面积/2024年种植面积）×10分；其他11项指标依次计算。

2025年产业发展指数=2025年分别计算的12项指标之和。

2. 产业创新指数

中国核桃产业创新指数是反映不同时期产业创新能力的指标，以报告期（年度）和基期（2024年）相对比的相对数来表示，选择6项样本指标并赋值（权重）：新增固定资产投资额含技术改造（18分）、年新增研发投入经费（18分）、年新增专利（16分）、新增研发品种（16分）、年新增生产量（16分）；年新增培养人才数（16分），共计100分。按报告期（年度）50家样本企业的样本指标加和数与基期（2024年）进行对比，乘以对应权重分值，得出报告期样本指标，最后6项指标加和，即为报告期产业创新指数。以2025年产业创新指数计算为例。

2025年新增固定资产投资指标=（2025年固定资产加和值/2024年加和值）×18；其他5项指标依次计算。

2025年产业创新指数=2025年分别计算的6项指标之和。

表6-2 南疆核桃产业发展指数和创新指数指标体系

项目类型	序号	指标	权重分值	2024年基准值	单位	计算年度数据	得分值
产业发展指数	1.1	种植面积	10	1986550	亩		
	1.2	年产量	12	109930	吨		
	1.3	种植业从业人数	8	399694	个人		
	2.1	年加工总产值	12	436098	万元		
	2.2	年销售额	12	686981	万元		
	2.3	加工销售就业人数	8	66591	个人		
	3.1	年上缴税收	5	12054	万元		
	3.2	年利润	8	23590	万元		
	3.3	年资产收益率	6	588.72	%		
	4.1	年新增资产投入	5	34920	万元		
	4.2	年研发经费投入	8	10301	万元		
	4.3	年申请专利	6	115	件		
		小计	100	—	—		
产业创新指数	5.1	新增固定资产投资额含技术改造	18	51971	万元		
	5.2	年新增研发投入经费	18	10626	万元		
	5.3	年新增专利	16	115	件		
	5.4	新增研发品种	16	109	个		
	5.5	年新增生产量	16	115049	吨		
	6	年新增培养人才数	16	812	个人		
		小计	100	—	—		

第二节 行业发展引领

一、对核桃种植业发展的引领作用

中国作为全球核桃产业的领军者，多年来种植面积与产量稳居世界首位。《中国林业和草原统计年鉴（2023）》数据显示，2023年，全国核桃产量达586.60万吨，持续快速增长，彰显出核桃产业的强劲发展势头。我国核桃种植广泛，分布于20余个省（区、市），形成了"西南为主、多点协同"的格局。云南、四川、陕西、山西、新疆等地是主要种植区域，其中云南种植面积占全国42%、产量占比为32%，均位居全国第一，成为产业发展的核心引擎；四川种植面积占比为15%、产量占比为18%，紧随其后；山西核桃产量29.96万吨，占全国总产量的5.11%，陕西核桃产量41.49万吨，占全国总产量的7.07%，这两个省份在中部地区发挥重要作用。

从区域发展特色来看，西南核心区的云南、四川、贵州三省协同发展，共同打造中国核桃产业的黄金地带；新疆凭借独特的地理气候条件，以7%的种植面积产出全国20%的核桃，单产达198千克/亩，成为高效发展典范；中部潜力区的陕西、山西等省则依托丰富资源，通过品种改良与技术推广，不断提升核桃产量与品质。在品种选育领域，2024年'礼品2号''辽宁1号''中宁奇'三个核桃良种通过国家林木品种审定委员会审定，为产业高质量发展提供了有力支撑。

二、对核桃加工业发展的引领作用

核桃加工业作为产业链核心，其发展成效直接影响核桃产业整体效益。近年来，我国核桃加工业快速发展，为产业升级提供强劲支撑。从企业规模看，2023年，全国从事核桃储藏加工的企业超过2.3万家，其中核桃油加工企业数量从2021年底的1817家激增至2023年初的4826家，虽企业多呈小而散的状态，但规模以上企业达70家以上，这些企业积极探索创新，推动深加工发展。不过，当前核桃油提取量仍相对有限，2024年，我国仅有约6%的核桃用于榨油，产出约9.0万吨核桃油，为市场供应优质食用油。

干核桃、核桃仁、核桃油等多样产品满足消费需求，推动产业综合产值在2024年达1700亿元。以云南为例，截至2024年底，建成近400条初加工机械一体化生产线，实现干果分级利用，带动就业增收；大理、楚雄等主产区通过多批次建设项目，引导建设200多条生产线，提升产地标准化加工能力。科技攻关方面，云南开发7代4类水代生态制取核桃油自动化生产线设备，部分已投入市场，还建成规模化"水代法"生产线；此外，云南积极开发核桃酱油等新产品，利用副产物生产高附加值产品，拓宽产业发展路径。陕西洛南县同样成果显著，创新加工核桃壳，其产品远销多国，荣获2023中国特色旅游商品大赛金奖，推动核桃产业品牌化进程。

三、对核桃市场销售行业发展的引领作用

核桃市场销售是提升产业竞争力与经济效益的关键环节。近年来，我国核桃销售行业通过国际市场拓展、品牌建设与渠道创新，为产业发展注入强劲动力。从国际贸易看，2024年，我国核桃出口方面，壳果出口量20.1万吨、出口额27.38亿元，较2023年分别增长32.41%和40.55%；核桃仁出口量9.66万吨、出口额27.28亿元，同比增幅达45.48%和52.49%。壳果与仁出口价格分别同比上涨0.79元/千克、1.3元/千克（详见表6-3），凸显国际市场竞争力显著提升。

品牌建设方面，我国核桃产业涌现出一批知名品牌。2024年，核桃仁十大品牌榜单中，"詹氏山核桃""西域美农""三只松鼠""沃隆"等品牌凭借优质产品与服务脱颖而出，推动产业向品牌化、高端化迈进，有效增强消费者认可度与市场黏性。

销售渠道创新方面，电商平台成为重要增长极。依托电商的便捷性与覆盖面，消费者可轻松选购全国优质核桃产品，企业也借此突破地域限制，拓展市场空间。数据显示，核桃产品电商销售额逐年攀升，新兴渠道与传统市场形成协同互补，共同构建起多元化销售格局。

表6-3 2020—2024年中国核桃进出口情况

（万吨、亿元）

指标	2020年 壳果	2020年 仁	2021年 壳果	2021年 仁	2022年 壳果	2022年 仁	2023年 壳果	2023年 仁	2024年 壳果	2024年 仁
进口量	0.55	0.08	0.39	0.10	0.41	0.02	0.28	0.02	0.73	0.01
进口额	1.04	0.41	0.64	0.39	0.69	0.09	0.48	0.06	0.50	0.04
出口量	7.20	2.31	10.43	4.99	8.42	4.45	15.18	6.64	20.10	9.66
出口额	11.61	8.06	15.31	14.77	12.62	13.30	19.48	17.89	27.38	27.28

四、对核桃文旅行业发展的引领作用

作为千年传统作物,核桃早已超越单纯的经济作物属性,沉淀为承载历史记忆与文化价值的符号。随着文旅产业的蓬勃发展,核桃文旅深度融合生态、文化与经济价值,成为驱动地方发展的新引擎。核桃生态旅游以独特的沉浸式体验吸引游客,通过生态观光、科普教育、文化体验等多元形式,将核桃生长周期、文化底蕴与生态理念有机融合,既丰富了游客的文旅体验,也为传统文化传承开辟新路径。

河北邢台市核桃小镇以核桃种植为根基,通过延伸深加工链条,整合乡村民俗与自然资源,打造农文旅融合的标杆范例。小镇依托核桃树景观与文化内涵,开发采摘体验、文化研学、主题民宿等特色项目,让游客亲身参与核桃加工,感受文化魅力;同时,通过举办核桃文化节等活动,扩大品牌影响力,吸引大量游客,有效带动地方经济增长。

陕西丹凤县核桃主题公园则集技术展示、休闲娱乐与科普教育于一体,园内设置文化展览馆、采摘体验区、主题餐厅等设施,将核桃种植技术与历史文化、营养价值巧妙融合。游客在游玩过程中,既能系统了解核桃产业知识,又能享受文化浸润。此外,丹凤县还借助文化节等活动,进一步提升核桃产业知名度,实现旅游与产品销售的双向赋能。

核桃文旅产业的发展,不仅为农民拓宽了增收渠道,也满足了游客对特色文化旅游的需求。随着文旅消费升级,核桃文旅将以更丰富的业态、更深厚的文化内涵,释放更大的发展潜力,助力乡村振兴与产业繁荣。

第三节　区域经济发展

一、对云南及其县域经济发展的重要作用

作为"中国核桃产业第一省",云南以4300万亩种植面积、208万吨干果产量、609亿元产值的规模稳居全国首位,产业覆盖全省116个县(市、区),占县区总数的90%,惠及2000万农村人口,成为县域经济升级与乡村振兴的核心引擎。

(一)经济贡献显著：支柱产业筑牢发展根基

核桃产业构建起覆盖种植、加工、物流、营销的全产业链体系,2024年全产业链产值达609亿元,直接或间接带动数百万人就业,成为农村劳动力就业的"稳压器"。在漾濞、永平主产区,80%以上农户收入依赖核桃,户均年收入近万元;怒江、迪庆等深度贫困区更依托核桃产业实现脱贫,核桃成为农户的"铁杆庄稼",推动收入增长与生活质量双提升。

(二)产业链协同发展：龙头带动与数字化转型

全省集聚6671家产业链企业(含3家国家级、65家省级龙头企业),形成规模化、标准化发展格局。以"中国核桃之乡"凤庆县为例,172万亩种植基地通过"联盟+标准+企业"模式,建成150个水洗果加工站,40余条生产线,开发20系列80余款产品;引入"中国云南核桃云"大数据平台,推动产业数字化升级,实现"种植—加工—销售"全链协同,提升附加值与市场竞争力。

(三)技术创新驱动：工艺突破激活产业动能

云南以技术创新破解产业瓶颈,在"水代法提取核桃油"领域实现突破,研发出无废水、无添加的生态制取工艺与装备,提油效率显著提升且便于饼粕综合利用。该技术的推广应用,既提高核桃油品质与产量,又降低生产成本,为加工环节注入绿色低碳新动能,推动产业向高端化、精细化转型。

(四)脱贫攻坚与乡村振兴衔接：产业红利普惠基层

在全省88个贫困县脱贫进程中,核桃产业贡献率超60%。以怒江州福贡县

为例，通过构建"种植—加工—销售"完整链条，不仅带动农户脱贫致富，更推动道路、物流等基础设施改善与公共服务提升。核桃产业成为衔接"脱贫攻坚"与"乡村振兴"的桥梁，通过就业扩容、收入多元化与县域经济激活，为乡村可持续发展奠定坚实基础。

二、对新疆经济发展的重要作用

新疆核桃产业历经多年培育，已成为区域经济的核心支柱。2023年，全疆核桃种植面积达636万亩，产量127.22万吨，占全国总产量22%，南疆阿克苏、喀什、和田三地区贡献全疆95%的产量。2024年，在政策与技术的双重驱动下，产业规模、产值与产业链延伸实现全面突破，成为新疆农业经济高质量发展的强劲引擎。

（一）产业升级增效：驱动农业经济与结构优化

核桃产业作为新疆特色林果业的核心，在农业经济中的占比持续攀升。2023年，阿克苏地区核桃产值64亿元，占林果总收入34.4%；喀什地区产值41.3亿元，占比为23.5%。通过"疏密改造"技术，阿克苏地区核桃亩产从180千克提升至210千克，优质果率提高至80%以上，带动产值增长20%。

产业发展带动全链条协同：南疆地区构建起"初加工—精深加工"体系，2024年，喀什67家加工企业年处理核桃3.03万吨，产值7.11亿元；阿克苏浙疆果业开发核桃油、蛋白粉等高附加值产品，惠及3600余户农户。配套产业同步崛起，和田地区建成物流中心与保鲜库，通过"线上+线下"模式实现2023年核桃出口7.4万吨，同比增长20%。

（二）品牌与科技双轮驱动：提升国际市场竞争力

凭借品质与规模优势，新疆核桃在国内外市场占据重要地位。2023年，其出口量占全国31.07%，核桃仁出口占比为46.08%，产品远销共建"一带一路"国家和地区。2024年，阿克苏地区出口量同比激增56.5%，"叶城核桃"通过地理标志认证与有机种植，出口单价提升30%。

科技创新成为竞争力提升的关键：'温185''新新2号'等良种覆盖率超

85%，亩产最高达250千克；喀什光华现代农业有限公司研发的核桃油联产生产线将原料利用率提升至92%，成本降低50%。数字化技术的应用进一步优化生产、流通效率，推动产业向高端化迈进。

（三）生态经济协同发展：筑牢绿色发展根基

核桃产业兼具经济与生态双重效益。作为耐旱树种，其在环塔里木盆地防风固沙、绿洲保护中发挥重要作用。2024年，南疆推广林果间作模式与节水灌溉技术，和田县核桃园用水量减少40%，亩产提升15%；核桃副产品综合利用有效减少环境污染。

新疆将核桃产业纳入乡村振兴与农业现代化战略，2024年加大标准化生产与加工升级投入力度。通过政策扶持、科技创新与市场拓展协同发力，核桃产业正加速成为新疆经济高质量发展的示范标杆。

三、对陕西各区县经济发展的重要作用

核桃产业作为国家战略产业，既是保障食用油安全的重要力量，更是陕西乡村振兴的核心支柱。在省委、省政府的大力扶持下，陕西11市（区）67县（市、区）深耕核桃产业，建成22个10万亩以上种植基地，洛南、商州等十大主产县区形成产业集群，通过一体化发展、全国市场引领与全链价值挖掘，全面激活县域经济发展动能。

（一）集群化发展，构建产业协同新体系

陕西商洛市以329万亩核桃种植面积成为全省产业集中度最高区域，全市7个区县均将核桃列为农林发展核心产业。其中，"陕西核桃第一县"洛南县稳定种植70万亩，年产4万余吨，形成涵盖种植、加工、深加工及营销的全产业链发展模式。2024年，商洛市核桃产量13.8万吨，销售总量达29万吨（含15万吨新疆原料），凸显其区域加工枢纽地位。

安康市以206.33万亩种植规模位居全省第二，建成6个20万亩以上重点县区、55个万亩镇、352个千亩村及321个百亩大户，形成"市—县—镇—村"四级种植网络。全市培育47家初加工企业、5家精深加工企业及102个合作社，开发

鲜果、核桃仁、核桃油等30余款产品，打造"秦智""俏安康"等品牌矩阵，构建起完整的生产、加工、销售体系。商洛与安康通过规模化种植、专业化分工与产业化协作，形成"核心引领+区域协同"的发展格局，有力带动全省核桃产业一体化进程。

（二）品牌化引领，打造全国市场新格局

商洛依托"中国核桃之都""陕西核桃强市"的金字招牌，构建"交易+文化+物流"三位一体的产业生态。通过建设中国·西北核桃交易中心、商洛核桃文博馆等实体平台，搭建核桃电商平台与西北物流园，实现线上线下联动，形成覆盖全国的流通网络；同时，以科技创新驱动产品升级，结合文化营销强化品牌价值，推动核桃种植、加工、销售与文旅产业深度融合。从产品研发到市场推广，从品牌塑造到渠道拓宽，商洛以全链条整合思维打通产业壁垒，逐步构建起"买全国原料、卖全国市场"的现代化产业格局，成为引领全国核桃产业发展的新标杆。

（三）全链化增值，激活县域经济新动能

洛南县作为陕西核桃产业核心区，通过全链条开发实现价值跃升。全县年加工销售核桃仁3万吨，其中半数原料来自新疆、山西等地，创造近10亿元年产值，带动核桃从业农民人均增收4500元，占全县农民可支配收入超30%。更通过创新延伸产业链，将核桃壳变废为宝，年加工1万吨核桃壳，生产猫砂、化妆品用粉等产品远销美国、加拿大、阿联酋等国，形成"种植—加工—废弃物利用—出口"的完整产业闭环。

在陕西其他县域，核桃产业同样释放强劲动能：黄龙县2024年种植面积27.6万亩，产值1.14亿元；宜君县以15万亩种植规模实现1.63万吨产量、1.97亿元产值，带动4000余人就业，人均核桃收入占比达30%，在山区主产乡镇更突破50%；临渭区14.5万亩核桃园年产值近3亿元。多地依托全链条增值路径，不仅提升产品附加值，更带动加工、物流、电商等关联产业技术升级，成为县域经济增长与农民稳定增收的核心引擎。

综上所述，核桃产业在推动云南、新疆和陕西各县（市、区）经济发展中发

挥了重要作用。通过提升种植技术、加强品牌建设、拓宽销售渠道等措施实现了核桃产业的快速发展和农户增收致富的目标。未来，随着核桃产业的不断发展和完善，相信这些地区将在核桃产业的推动下实现更加繁荣和可持续的发展。

第四节　农民就业增收

一、促进云南农民就业增收

云南立足全国核桃主产区优势，以核桃产业为核心推动富民强省战略，通过全产业链布局构建起完善的就业增收体系，为乡村振兴注入强劲动力。具体从以下三方面实现突破。

（一）全链贯通：多环节拓宽就业路径

种植环节，云南超千万亩核桃林带动山区农户参与育苗、修剪、施肥等日常管护，仅鲁甸县85万亩基地就吸纳数万劳动力。采收季，专业化采摘队伍吸纳农村剩余劳动力，如漾濞县2024年单日用工超5000人次，人均日薪200元。加工环节依托龙头企业打造全链模式，鲁甸县"一品福"公司3条生产线带动9000余人次就业，实现原料就地转化。销售端电商化转型催生"核桃经纪人"群体，形成产销高效链路，提升农户利润空间。

（二）数据赋能：量化产业增收实效

云南核桃主产区农户年均从产业中获得收入超3000元，在核心产区占比达农户可支配收入的40%。鲁甸县"一品福"项目支付务工收入超500万元，带动搬迁群众年增收2000元。产业辐射包装、物流等领域，大理州电商产业园集聚20余家物流企业，创造间接就业岗位超3000个，展现强劲经济带动效应。

（三）模式创新：构建可持续发展闭环

以鲁甸县"龙头企业+基地+农户"模式为例，政府引入深加工企业，建立标准化收购与利益联结机制。农户既获稳定种植收益，又参与加工环节务工。核桃果经深加工增值超15倍，反哺种植与就业端，形成"种植有保障、加工有收益、销售有渠道"的良性循环,为乡村振兴提供可复制的产业范本。

二、促进新疆维吾尔自治区农民就业增收

核桃产业已成为新疆农民增收致富的核心引擎。2023年,南疆核桃产区农民收入的40%以上源自该产业,部分县(市、区)如温宿县人均年增收达5000元。2024年,随着产业链不断完善,核桃产业通过多元路径拓宽就业渠道,为乡村振兴注入持久动力。

(一)全链就业:夯实农民增收基础

核桃产业的劳动密集特性为农民提供全流程就业岗位。种植环节,2023年,阿克苏地区吸纳20万农民参与栽培、修剪与采收,用工峰值达30万人;温宿县通过技术培训使农户亩产提升30%,户均年增收4000元。加工环节,喀什地区67家企业2024年创造2851个就业岗位,叶城县交易市场带动万人就业。"企业+合作社""卫星工厂"等模式成效显著,和田县农民在加工厂月收入3000~5000元,阿克苏浙疆果业间接带动3600户增收,喀什光华现代农业有限公司季节性用工月薪提高20%。

(二)技能赋能:培育新型职业农民

新疆通过政企联动强化农民技能培训。2023年,2000余人次专家开展林果技术服务,泽普县培育500名"土专家",果园亩产提升15%。2024年,喀什地区依托84个合作社,推广电商营销、机械操作等新技能;叶城县无人机飞防培训使从业者日薪增至200~300元。青年群体成为产业创新主力,和田县青年直播带货提价20%,阿克苏"核桃采摘节"带动乡村旅游就业。

(三)三产融合:拓宽多元增收路径

核桃产业与文旅、电商深度融合释放新动能。2024年,喀什"核桃文化节"吸引50万名游客,带动餐饮、手工艺品收入增长30%。电商渠道成效显著,阿克苏"十城百店"工程2023年销售核桃17万吨,叶城县跨境电商使农户年均增收1500元,实现"种得好"向"卖得优"的跨越。

（四）政策护航：构建长效增收机制

新疆通过"疆内收购网+疆外销售网"稳定农民收益。2024年，和田"托市收购"、温宿"光伏+深加工"项目提供价格保障与长期岗位。未来，新疆将持续深化技能培训与政策扶持，推动核桃产业成为农民稳定增收、乡村振兴的坚实保障。

三、促进四川农民就业增收

核桃产业在川西南、川西、川北广泛分布，虽对农民就业增收有积极作用，但受地域、品种、市场等因素影响，效益差异显著。近七八年核桃价格持续低迷，导致群众收益较10年前下滑，因缺乏系统统计，现以2024年典型案例呈现产业发展现状与潜力。

（一）会理市云甸镇孔明寨村与益门镇龙泉村：差异化品种驱动增收

孔明寨村依托"绿玥"早食核桃打造特色产业，3000亩种植区借助退耕还林政策与合作社模式，实现产供销一体化；村民通过直播带货拓宽销路，本地企业配套初加工与冷链仓储，保障流通效率。"绿玥"核桃6月中旬早熟上市，青果价1.4元/斤，凭借上市早、价格稳的优势占据市场先机。

龙泉村以晚熟"冬晚"核桃为主栽品种，万亩核桃园获评"四川省生态示范村"。"冬晚"核桃国庆前后成熟，青果价1.0~1.2元/斤，其中"紫衣冬晚"单株产量400斤，亩产4000斤，凭借高产稳产特性成为增收主力。

（二）德昌县麻栗镇：新品种与电商赋能产业升级

麻栗镇依托自然资源发展核桃产业，2024年调研的"大凉山紫伊核桃晚熟2号"试验点，100亩种植区亩产青皮核桃2000斤、干桃300斤。2024年8月20日采收期，通过互联网销售的去青皮鲜核桃售价达12元/斤，种植户对品种前景充满信心，新品种与电商渠道为产业注入活力。

（三）汉源县片马彝族乡：错峰上市提升产品溢价

片马彝族乡以2.5万亩核桃为主导产业，"雅凉红"核桃在1000~1800米海拔表现优异，因晚熟、味甜、抗病性强，每年10月错峰上市，去皮鲜果售价12元/斤，较普通品种溢价超30%，虽产量规模有限，但为农户带来可观收益。

（四）广元市朝天区沙河镇罗圈岩村：机遇与挑战并存的传统产区

罗圈岩村5000余亩核桃园以硕星品种为主，鲜果批发价约5元/斤，部分农户年收入可达4万元，成为主要收入来源。然而，村内仅两个生产队维持正常管护，其余因劳动力外流出现弃管现象，核桃资源利用率低，产业发展亟待规模化与精细化转型。

第五节　促进科技进步

一、对科技团队建设的促进作用

核桃产业的专业化发展吸引了国内外科研力量的持续投入。国内已形成以中国林业科学院、西北农林科技大学、河北农业大学等科研院所为核心的研究梯队，研究领域覆盖遗传育种、栽培技术、加工利用等全链条。

从国际研究格局看，Web of Science数据库显示，全球核桃研究文献量呈逐年增长趋势，研究热点集中于遗传学、栽培技术、深加工及药用特性。美国、中国、西班牙等国发文量居全球前五，其中美国机构在学术影响力上占据领先地位，我国西北农林科技大学、中国科学院则是国内发文量最多的机构。中国知网数据显示，截至2024年12月31日，我国核桃研究文献总量达41696篇（2024年新增1231篇），西北农林科技大学、新疆农业大学等单位贡献突出。尽管我国研究在产业实用技术、遗传资源开发等领域成果显著，但与发达国家相比，在核桃仁深加工、青皮果壳等副产物综合利用方面仍有深度挖掘空间，且存在高水平期刊发文量不足、核心专家团队规模有限、区域研究资源不均衡等问题。

在科研平台建设方面，国内已构建"国家级—省级"创新平台体系：国家发改委设立"高原木本油料种质创新与利用技术国家地方联合工程研究中心"，江南大学依托"国家功能食品工程技术研究中心"开展加工技术研究；地方层面，西北农林科技大学、云南省林科院等单位分别建设"陕西省核桃工程技术研究中心""国家林业和草原西南核桃工程研究中心"等省级平台。这些团队与平台通过跨学科融合（农业、分子生物学、食品加工等领域交叉），聚焦种质创新、加工技术突破与资源高效利用，为核桃产业科技进步、技术转移转化及国际竞争力提升提供了关键支撑，推动我国从"产业大国"向"科技强国"迈进。

二、对科研项目立项的促进作用

核桃产业的战略地位推动国家与地方政府持续加大科研投入力度，形成"国家重点研发—地方特色攻关—全链机理探索"的多层次项目布局，系统性破解产业技术瓶颈。科技部以全产业链技术升级为目标，重点部署"特色经济林优异种质挖掘和精细评价""特色食用木本油料种实增值加工关键技术"等重大研发项目，覆盖种质资源挖掘、轻简化栽培、采后加工等核心环节，推动"卡脖子"技术突破。例如，"新疆核桃等特色油料作物产业关键技术研发与应用"项目聚焦西北产区的品种改良与加工升级，"特色经济林优质轻简高效栽培技术集成与示范"则针对种植端labor-intensive现状，探索机械化、智能化管护路径。

在基础研究与应用基础研究领域，科技部通过重点基金与地区基金项目，深入开展全产业链关键机理研究。"早实核桃优异性状遗传解析与种质创新"项目瞄准早熟品种的遗传机制，"南疆核桃链格孢菌叶斑病侵染规律"研究聚焦病害防控基础理论，"核桃青皮提取物抗菌机理"探索副产物高值化利用路径。这些项目立足产业实际需求，为技术创新提供理论支撑，如云南深纹核桃的群体基因组学研究，为品种改良奠定遗传基础。

地方政府以区域产业痛点为导向，强化特色科研攻关。云南省"十四五"期间启动"核桃抗氧化调控及高值化利用关键技术研发与应用"等重大专项项目，针对采收装备落后、加工附加值低等问题，研发自动化采收机械、低温冷榨工艺及蛋白高效利用技术，推动加工环节技术迭代。同时，"云南核桃全产业链发展战略咨询研究"通过中国工程院与地方政府合作，整合智库资源，为产业转型升级提供顶层设计，助力新质生产力与传统产业融合。

从国家到地方的科研项目体系，既注重"顶天立地"的基础研究，又强化"落地生根"的应用转化，形成"理论突破—技术创新—产业应用"的良性循环。这些项目的持续实施，不仅提升了我国核桃产业的科技含量，更通过产学研协同创新，为保障食用油安全、促进农民增收和区域经济发展提供了强大的科技驱动力。

三、对科技成果产出促进作用

我国核桃科研通过全链条创新，构建起"基础研究—技术创新—产业转化"的高效体系，推动成果数量与质量双提升，为产业发展提供核心驱动力。截至目前，CNKI收录核桃相关研究成果达1099项，超六成（61.87%）已实现成熟应用，覆盖种质资源、栽培技术、加工利用等全产业链环节。从技术水平看，国际领先成果20项、国际先进成果85项，国内领先及以上水平占比超49%，研究热点集中于种质挖掘、品种选育、高效栽培及加工技术创新，部分成果聚焦采收机械、加工装备等关键装备研发与标准化建设。河北农业大学、西北农林科技大学、中国林业科学院等单位成为成果产出主力，形成产学研协同创新格局。

近年来，我国核桃科研在理论突破与应用转化方面成效显著：中国林业科学院获国家科技进步奖2项、梁希科技进步一等奖1项，其研究成果在良种选育与山区生态修复中广泛应用；云南省林业和草原科学院以"云南核桃全产业链关键技术创新与应用"获云南省科技进步特等奖，并获国家科技进步三等奖1项，相关技术推动云南核桃加工转化率提升30%；西北农林科技大学深耕遗传育种领域，获省级科技进步一等奖2项，育成'香玲''鲁光'等多个国家级良种；新疆农业科学院、山西林业科学院等单位在抗逆品种培育、病虫害防控等领域屡获省部级奖励，支撑西北干旱区与黄土高原产区产业升级。此外，山东、四川、贵州等地科研机构在种质评价、绿色防控等领域形成特色成果，助力区域产业差异化发展。

这些成果构建了"理论研究—技术创新—产业应用"的良性循环：基础研

究破解遗传改良、病害机理等科学问题，技术创新突破轻简栽培、深加工等关键瓶颈，产业转化通过良种推广、技术示范实现成果落地。例如，云南"水代法"核桃油生产线技术、新疆核桃壳高值化利用等成果，直接带动企业增效与农民增收。我国核桃科研正以持续的创新动能，为保障国家食用油安全、推动乡村振兴及生态可持续发展提供坚实科技支撑，并在全球产业格局中逐步从"跟跑"迈向"引领"。

第六节　总体评价

核桃产业作为我国农业现代化的重要实践，在经济带动、就业增收与科技创新等方面展现出显著效益，成为乡村振兴的核心引擎。区域经济层面，云南、新疆、陕西等主产区通过规模化种植与全链开发，形成各具特色的产业格局。云南以全国42%的种植面积贡献32%的产量，全产业链产值达609亿元，带动2000万农村人口增收；新疆依托"一带一路"优势，出口量占全国31%，"叶城核桃"等品牌国际竞争力凸显；陕西商洛构建"买全国原料、卖全国市场"的加工枢纽，洛南县核桃产业贡献农民收入超30%，区域经济协同效应显著。农民就业增收方面，全产业链就业体系成效突出。云南通过"种植+加工+电商"模式，主产区农户年均收入超3000元，鲁甸县项目带动搬迁群众年增收2000元；新疆喀什等地区加工企业创造超2800个岗位，青年群体通过直播带货提价20%；四川差异化品种与电商赋能使部分农户年收入达4万元，但区域管护差异仍需优化。科技创新领域，我国形成"基础研究—技术创新—产业转化"全链条突破，云南"水代法"榨油技术、新疆良种覆盖率超85%等成果提升产业效率，但在深加工与副产物利用上仍需加强国际合作。未来，随着政策支持与技术迭代，核桃产业将以更高效的资源利用、更广泛的市场辐射和更深厚的文化赋能，引领全球产业升级，为乡村振兴与区域经济高质量发展提供可持续支撑。

第七章

核桃产业发展趋势与对策

核桃产业的高质量发展，需聚焦育种种植、加工利用、销售贸易三大核心环节，贯通全产业链。通过在各环节降耗、节本、提质、增效，实现协同发展。我国广阔的种植区域与稳定的核果产出，奠定了坚实的产业基础；新品种选育、创新栽培及加工技术，提供了技术支撑；全产业链一体化销售贸易，则赋予产业发展动能。面对产业发展中的新情况，深入研究并提出有针对性对策建议，是推动核桃产业迈向高质量发展的关键所在。

第一节 发展趋势及存在问题

近年来，我国核桃产业在品种结构优化、栽培规模化、经营集约化等方面取得显著进展，产量与坚果品质稳步提升，产业化水平不断提高。然而，产业整体仍面临"大而不强"的困境，存在低质低端产品过剩、高质高端供给不足、区域发展不均衡等问题。在育种栽培、加工利用、销售贸易等关键环节，亟须进一步挖掘潜力，拓展发展空间。

一、核桃品种与种植

（一）品种选育问题

1. 普适良种缺乏

我国不同地区气候条件差异大，真正普适的良种不多，良种化进程缓慢。随着产业的蓬勃发展，市场的不断开拓，核桃产品的不断增多，核桃种植方式的改变，产业对核桃良种的要求也在不断提高，需要鲜食、干果用、仁用、油用等多种多样的优质高产抗性强的品种来满足市场需求。

2. 引种管理混乱

引种不科学、异地购苗、品种杂乱等现象极为普遍，甚至一些地区仍采用种子繁殖，采用实生苗木建园，品种种源特性不够明确，无法保证苗木质量，出现苗木抗性弱、产量低、坚果大小形状不一、种壳厚、取仁难、种仁色泽风味差异大等问题，不利于统一成熟采收，不利于提高单产，不利于后期加工。

3. 良种砧木短缺

使用良种砧木可以增强植株的适应性，提高抗寒、抗旱、抗盐碱、抗病虫害等抗逆性；能增强根系活力，具有促进植株生长，调节生长平衡，控制植株大小，提前进入收获期，改变果实品质等作用。我国核桃砧木选育工作处于起步阶段，缺乏良种砧木，制约了良种优势的发挥。

4. 品种定位模糊

核桃品种选育多聚焦抗逆性、丰产性等常规指标，却忽视了加工特性。然而，核桃果实特性、营养品质与加工技术、工艺及产品紧密关联、相互促进。若品种特性不明确、用途定位模糊，会直接阻碍后续市场拓展、加工产品开发以及工艺设计，难以实现品种资源与加工需求的有效对接，制约核桃产业的深度发展。

5. 育种方法传统

我国核桃育种依赖杂交育种、实生选种等常规手段，存在流程烦琐、周期冗长、成功率低的弊端。随着生物技术革新，分子标记等新技术，能够精准筛选亲本，显著缩短育种时间。未来，核桃育种将重点培育专用、果材兼用、鲜食等特色品种及优良砧木，推动育种工作朝着高效、精准的方向迈进，为产业发展提供优质种源保障。

（二）栽培管理问题

1. 山地种植限制

核桃果园多数属于山地生态经济型果园，山地环境建设果园立地条件差。受立地条件限制，道路、电力等配套条件差，果园整地水平低，灌溉保证率低，机械化使用条件差。果园经营受山地条件限制，集约化程度较低。

2. 日常管理粗放

目前，主要核桃园多为纯园密植型，需要采用相对细致的管理，许多密园未按密植技术要求管理。部分核桃园种植密度过大或过小，未根据品种和立地条件进行合理调整，导致生长不良。部分核桃园修剪不及时、不科学，导致树体结构不合理，通风透光条件差。在肥水管理方面，受投入成本增加、核桃价格下降等因素影响，部分核桃园未根据树体需肥规律合理施肥，基肥和追肥结合不足，有机肥和无机肥搭配不合理，导致树体旺长或衰弱。一些核桃园缺乏完善的灌溉和排水设施，尤其在干旱或洪涝季节，无法及时满足或排除水分，影响核桃生长，影响果实产量和品质。

3. 病虫草害加重

随着核桃园面积的扩大，核桃病虫草害加剧的风险必然增加。部分核桃园防治意识薄弱，对病虫害防治重视不足，未及时发现和处置病虫害，导致病虫害蔓延。缺乏科学的病虫害防治技术，未采取综合防治措施，导致防治效果不佳。核桃园病虫害防治仍以化学农药为主，绿色防治技术缺乏，易造成残留污染。

4. 种植标准散乱

种植业相关标准包括苗木质量标准、产地环境标准、种植规范、贮存技术标准（原料贮存、半成品贮存等）等诸多方面没有形成完整的配套体系，且家庭零散的经营管理模式，给标准的技术推广带来了很大难度，很多核桃种植相关的标准措施无法落实，制约了核桃产业的高质量发展。

5. 机械化程度低

核桃种植地形复杂多变，机械化难度较大。核桃采收与加工劳动力成本过高，也亟须利用机械化提高效率，降低成本。但是目前鲜有用于核桃生产的专用农机，核桃机械化在整形修剪、高效采收等方面应用尚处于试验阶段。农机农艺融合不足，实现生产全过程的机械化仍有较大距离，尤其是适合中国国情的核桃专用机械，其性能、智能化程度、适用性仍需进一步提高。

二、核桃加工与利用

核桃加工产品分为初级与深加工两大体系，前者涵盖核桃粉、核桃仁等，后者涉及核桃油、核桃日化产品等领域。随着我国核桃产量增长，加工业快速发展，产业链不断延伸，增值潜力巨大。但行业整体仍处初级阶段，以干果销售和初加工为主，产品附加值低；精深加工企业规模小，同质化严重，技术落后，核心竞争力缺失，产业效益难以释放，产业链与精深加工技术亟待完善。从鲜果到加工品，核桃产品市场价值显著，增值链条覆盖多领域，众多加工产品产量与产值增长迅速。然而，下游企业实力与创新不足，精深加工产品单一，无法满足市场需求；核桃副产物利用程度低，在多领域亟须创新技术引领，以实现资源优势向经济优势的转化。

（一）品种评价缺失，选品缺乏标准

科学客观的加工适宜性评价体系是核桃品种精准分类的关键。该体系能依据目标产品需求，筛选适配品种开展定向培育，构建专业化原料加工体系。但目前我国尚未建立此类标准，亟须启动规模化种植核桃品种的加工适宜性评价工作，为坚果资源合理利用提供技术支撑。

（二）加工层次局限，技术创新不足

当前核桃加工以初加工为主，精深加工产品稀缺。在果实烘烤制干、精深加工及新产品研发等关键技术领域，缺乏创新性攻关，导致核桃精深加工产品开发不充分，难以挖掘产品深层价值。

（三）标准体系不完善，生产规范缺失

受品种、产地环境、生产场地及设备等因素制约，核桃初加工的脱青、清洗、制干、分级、取仁等环节难以统一执行标准化生产。初、深加工相关标准体系尚未健全，企业在采后初加工阶段缺乏技术规范，致使产品稳定性、均一性差，质量安全无保障，市场竞争力薄弱。

（四）装备与工艺脱节，研发创新滞后

加工原料、工艺与装备脱节成为制约核桃深加工发展的重要因素。由于研发投入不足，装备制造业创新能力薄弱，创新平台与主体缺失，导致装备产品低水平重复。众多小型企业依赖仿制，自主知识产权产品匮乏。同时，国家对深加工投入过度侧重工艺开发，致使工艺与装备发展失衡。

（五）企业规模弱小，产业效益受限

我国核桃产业规模庞大，但单一产业结构制约效益增长。核桃精深加工企业普遍规模小、实力弱，产品以核桃乳为主，对核桃原果消耗有限，粉、油、休闲食品等高效益产品研发滞后。企业产品同质化严重，缺乏基于核桃特性的创新，导致产业链短、附加值低，市场知名产品稀缺，产业整体效益难以提升。

三、核桃销售和贸易

目前，我国核桃产业已经有了初步规模和体系，但因核桃及其产品销售不旺，市场拓展有限，所带来的经济效益仍然不高。主要有以下几个问题。

（一）销售模式单一，三产融合不足

我国核桃种植以散户经营为主，组织化程度低，部分地区因交通、信息闭塞导致销售困境。初级产品多依赖"种植户—小市场/民间营销人员"的传统销售模式，该模式存在链条冗长、监管缺失、品控薄弱等弊端，种植户利益难以保障，已无法适应市场需求。尽管互联网推动电商平台成为核桃销售新渠道，尤其为加工产品拓宽销路，但核桃产业仍面临三产融合不足的问题。种植、加工、服务环节各自割裂，缺乏"龙头企业+农户""农户+基地+企业"等紧密型利益联结机制，导致产业发展失衡，企业与农户间资源内耗严重，制约了核桃产业整体效益提升与可持续发展。

（二）市场建设滞后，营销规模受限

核桃市场流通体系存在显著短板。一方面，产品标准化程度低，核桃种类繁杂、质量参差不齐，缺乏统一销售规范；物流运输效率滞后，难以快速运往集散地，且规模化、规范化的存储交易市场尚未成形，销售网络覆盖不足。另一方面，销售渠道多元化不完备，集市贸易、实体店铺与电商直播等并存，但线上布局仍显薄弱，店铺数量少且产品以原皮核桃、炒货等初级加工品为主，深加工产品占比低。尽管部分企业尝试通过线上线下融合模式拓宽销路，但整体市场上核桃产品种类单一，消费场景有限，市场开拓深度与广度不足，难以充分满足多样化的市场需求。

（三）品牌建设薄弱，市场影响力低

我国核桃品牌建设存在显著短板。政府对品牌打造重视不足，缺乏系统性规划与政策支持，且尚未培育出具有强大引领力的龙头企业，导致品牌推广乏力。同时，核桃品牌文化挖掘深度不足，未能充分融入本土文化元素，难以引发消费者情感共鸣，品牌辨识度与记忆点缺失。在宣传层面，即便部分企业推出"有机核桃"等特色产品，但其宣传手段单一，内容同质化严重，目标市场定位模糊，缺乏精准营销策略，无法有效传递品牌核心价值。多重因素致使核桃品牌市场影响力有限，国内外市场占有率较低，难以形成品牌竞争优势，严重制约产业附加值提升与市场拓展。

（四）国际竞争力弱，出口贸易受阻

我国虽为全球最大核桃生产国，但在国际市场竞争中处于弱势地位。单位面积产量较低、生产成本高于发达国家，加之坚果品质参差不齐、国际贸易保护主义壁垒等因素，致使我国核桃出口面临诸多阻碍，国际市场占有率长期处于较低水平，凸显出产业"大而不强"、核心竞争力缺失、出口贸易实力薄弱的现状，提升国际贸易水平迫在眉睫。从全球贸易格局来看，亚洲和欧洲是世界核桃产品的主要进口市场，而北美洲和南美洲则扮演主要出口角色。相较之下，我国亟须突破发展瓶颈，提升核桃产业的国际竞争力，在全球核桃贸易中争取更大的市场份额。

第二节 主要对策及建议

一、加强顶层设计，优化发展思路

核桃产业迈向高质量发展，需锚定质量效益型路径，破解传统种植技术与现代化模式适配难题。依循"适地适树适品种适措施"原则，精准遴选气候、土壤适宜的最佳种植区域，推广高产、优质、高抗且契合市场需求与现代栽培的优良品种。同步革新栽培理念，加大果园道路、灌溉等基础设施建设投入力度，引入省力化、机械化设备，提升生产效率。针对园林化庭院、森林化生态、园艺化集约三类核桃基地，定制差异化发展策略，从技术标准、培育目标等维度分类施策，推动栽培模式转型升级，实现果树早产、单产提升，拓宽种植户增收渠道。与此同时，强化产业协同，以一产增产夯实根基，借二产提质深挖价值，凭三产扩量畅通销路，构建一二三产业深度融合、协同发展的现代化产业格局，释放核桃产业综合效益。

二、挖掘优势资源，科学选种育种

在核桃育种工作中，需充分挖掘我国丰富的种质资源潜力，深入开展优良品种选育。一方面，聚焦四川茂汶香核桃、云南红瓤核桃等区域特色种质资源，加大油用、鲜食、抗病等专用品种以及广适性、矮化抗病良种砧木的选育力度，满足多元化市场需求。另一方面，强化生物技术应用，依托基因组、转录组等前沿研究成果，运用分子标记、转基因等技术精准改良品种，结合航天育种、胚细胞培育等新方法，突破常规育种周期长、效率低的局限，加速优良性状聚合。同时，以地区生态条件为基础，遵循"以选为主，引选结合"原则，严格规范育种引种流程，深度挖掘地方品种优势，针对性改良缺陷性状，培育适配现代化栽培、契合市场需求的高产优质高抗品种。通过加大优良品种宣传推广力度，对品种混杂果园实施高接换种，逐步提升我国核桃产业良种化水平，夯实产业发展根基。

三、推进高效栽培，建立示范基地

为推动核桃产业可持续健康发展，需构建综合配套的栽培管理技术体系，实现良种良法深度融合。在核桃主产区，大力推进蓄水池、作业道、轨道车等基础设施建设，既能抵御极端天气，又能降低劳动成本；积极推广交替灌溉、根区灌溉等节水旱作模式，结合水肥一体化管理措施，实现精准供水施肥，有效降低水肥消耗。同时，因地制宜应用"疏密降冠促丰""无人机一体化施用"等创新技术，改造低产果园，提升单产水平。此外，在全国主产州市建立高标准集约化栽培示范基地,并延伸至市县形成示范网络,运用矮化早实高抗新品种与园艺化、集约化栽培技术,直观展示丰产成果,以示范带动现代栽培技术与新品种推广,改变低产劣质局面,提高林农收益,夯实核桃产业发展根基。

四、规范采收烘干,提高核桃质量

核桃采收与烘烤是决定产品质量和价格的关键环节,直接影响产业效益。当前,机械化采收推广不足,人工采收成本居高不下,亟须加大专用采收机械的研发与应用,降低种植成本。同时,不成熟采收现象在全国多地频发,导致核桃种仁干瘪、营养流失、品质下降,严重影响市场售价,需在主产区通过技术培训、宣传引导等方式,强化科学采收意识,杜绝此类问题。此外,南方核桃成熟季多雨,自然晾晒条件受限,需重点扶持企业、合作社及种植大户建设先进烘干生产线,以规模化、标准化烘干替代分散式作业,确保烘烤质量稳定。长远来看,应加快构建涵盖采收、清洗、烘烤、分级、包装全流程的统一标准体系,实现核桃生产各环节规范化运作,全面提升坚果品质,增强市场竞争力。

五、加强精深加工,延长产业链条

随着核桃种植规模与产量攀升,加速加工产业化、深挖产品附加值成为转化资源优势的关键。为此,需从四方面协同发力:一是选育专用品种,构建加工品种筛选与品质评价体系,定向培育仁用、油用等专用品种,推进生产加工机械化,实现原料专用化,满足多元市场需求;二是拓展食品领域应用,开发核桃佐餐食品、预制菜等产品,推动核桃从"特产"走向大众餐桌;三是突破精深加工技术瓶颈,解决核桃油稳定性提升、蛋白高效制备等难题,搭建数字化生产控制体系,创新智能加工装备,打造高附加值健康食品;四是强化副产物综合利用,挖掘核桃青皮、果壳等潜在价值,开发日化用品、工业添加物等产品,全方位提升核桃资源利用率,构建覆盖原料、食品、日化等领域的完整产业链,实现产业增效、企业盈利、农户增收的共赢目标。

六、培强龙头企业，促进效益提升

着力改变核桃精深加工企业规模较小、实力较弱情况，以家庭式分散生产为主的局面，大力培育核桃收购、营销，特别是精深加工龙头企业，才能将千家万户的小生产与千变万化的大市场连接起来，才能加快核桃精深加工、技术创新、品牌打造、市场开拓，才能转变发展方式、延长产业链、提高附加值，才能消化核桃原料，使核桃产业健康、持续发展。政府不仅要扶持核桃种植，也要加大对加工环节的扶持力度。

七、夯实技术基础，着力科技创新

为提升核桃产业竞争力，需构建符合国情的全产业链技术支撑体系与平台。聚焦种质资源收集、新品种培育等关键环节，建立核桃品种培育平台，推广山地丰产栽培技术，研发适配机械装备，打造标准化示范基地，以提高产量与品质。同时，完善涵盖品种选择、生产管理、加工销售的全链条标准体系，推动产业向规模化、机械化、集约化转型；强化企业监管与引导，鼓励企业参与标准制定，助力产品向无公害、绿色有机方向升级。此外，深化产学研合作，发挥科研院所与技术推广部门示范作用，构建地区示范网络，加强中西部科研机构建设，提升整体科研实力；常态化开展科技培训，提升农户科技素养，促进科研成果转化，逐步提高产业科技贡献率，实现核桃产业高质量发展。

八、加强宣传推介，开拓核桃市场

（一）加强产品品质功能宣传

中国核桃多年来没有重视核桃品牌打造、宣传和推广，导致产品质量优良却市场认知度低、产品知名度低的不利局面。今后应广泛开展核桃及核桃产品营养、养生价值、保健功能、食用方法等正面宣传；加快"三品一标"（无公害农产品、绿色食品、有机食品、地理标志）认证；加大中国核桃在各类平面媒体、广播、电视、网络的宣传力度，积极组织企业（合作组织）参与国际、国内各类展销活动,支持企业在全国大中城市设立销售网点、举办推介会,让世界更多地了解中国核桃,促进中国核桃走向世界,提高中国核桃的市场知名度、影响力、竞争力和占有率。

(二)加强销售网络体系建设

以市场为导向,加强市场销售网络体系的建设,构建有效的核桃营销机制,拓宽核桃销售模式。各地区可建立自己的"核桃交易中心",为核桃产销提供平台,满足各地核桃产品流通需求,积极推进各地核桃产品大宗商品贸易,线上线下融合发展。在贸易流通方面,电商平台、直播行业的兴起,拓宽了核桃销售渠道。国内核桃加工企业可借鉴河北养元智汇饮品股份有限公司的分区域定渠道独家经销模式,融合线上线下渠道,构建全方位销售网络。龙头企业要起示范带头作用,积极扩大出口,提升国际市场占有率,提升我国核桃产业的经济效益。

(三)建立完善信息服务平台

为提升核桃产业信息化服务能力,需加快建立和完善农业科技与贸易信息服务平台,以此汇聚资源,让从业者及时获取技术、贸易资讯及市场动态。目前,虽有重点农产品信息平台及全国农产品商务信息公共服务平台,但涉及核桃的信息仍不全面,亟须完善覆盖核桃生产、加工、销售及贸易全流程的市场监测机制,实现对产量、价格、流向及进出口等关键数据的阶段性监测与预警。同时,在核桃主产区大力推进行业协会或专业合作社建设,充分发挥其协调作用,推动产业向专业化、规范化、标准化迈进。此外,搭建市场信息、品种资源信息平台,构建专家库系统,促进信息互通与经验共享,借助互联网优势获取前沿产业信息,全方位推动核桃产业高质量、健康发展。

(四)积极开拓海外国际市场

开拓核桃国际市场,需从多维度协同发力。聚焦质量提升,参照国际标准构建全流程质量安全体系,强化种植、加工、储运等环节监管,确保产品符合国际市场准入要求。依托"一带一路"倡议,借助中欧班列等物流通道,畅通欧洲、中亚等地区出口路径。加强海外布局,通过建立海外仓和展厅,提升供应效率，增强市场响应能力。积极推动国际认证，以高品质产品获取国际认可，如云南永平核桃通过中国与欧盟有机双认证。拓宽多元渠道，利用跨境电商平台与国际展会，精准对接海外客户资源，提升品牌国际知名度。同时，密切关注国际消费趋势与贸易政策变化，动态调整产品策略，灵活应对贸易壁垒，全方位提升我国核桃产品国际竞争力。

附录

2024年核桃产业发展大事记

一、相关政策

·2024年2月13日，四川省公示了2024年首批"天府森林粮库"现代产业基地、园区和高质量县名单，广元市旺苍县普济镇核桃现代产业基地、朝天区沙河镇核桃现代产业基地、甘孜州巴塘县核桃现代产业基地、凉山州宁南县核桃现代产业园区、凉山州甘洛县核桃现代产业园区入选。

·2024年2月28日，新疆维吾尔自治区党委、自治区人民政府印发的《关于学习运用"千村示范、万村整治"工程经验有力有效推进乡村全面振兴的实施方案》（新党发〔2024〕1号）中明确提出要做强优质果蔬，推动核桃、红枣、巴旦木等干果控面提质。

·2024年3月19日，山西省林草局下发《关于开展核桃红枣提质增效试点工作的通知》，决定在全省19个主产县（市、区）开展提质增效措施试点工作，进一步提升全省核桃红枣产业经济效益和市场竞争力。核桃提质增效示范园的建设地点分布在榆次、灵石、左权、黎城、汾阳、孝义、临县、兴县、古县、垣曲等10个试点县。

·2024年5月22日，四川省林业和草原局公示了第二批"天府森林粮库"建设项目名单，其中广元市朝天区核桃和松子产业建设项目、凉山州盐源县核桃产业建设项目入选。

·2024年9月12日，国务院办公厅印发的《关于践行大食物观构建多元化食物供给体系的意见》（国办发〔2024〕46号）中指出要全方位、多途径开发食物资源，拓宽食物来源渠道，明确提出稳定核桃、板栗、枣类种植面积，建设特色鲜明、集中连片、链条健全的优势产业带。

· 2024年9月25日，四川省人民政府、国家林业和草原局正式印发《建设"天府森林四库"实施方案》。明确指出实现年产"林粮"2000万吨，林业综合产值达到1万亿元；指出实施六大重点工程和建设"百千园地"的主要任务，其中六大重点工程其一为千万亩核桃提质工程。聚焦攀西地区和秦巴山区核桃主产区，到2025年，全省累计建成核桃标准化采穗圃8个以上、优质高产基地800万亩以上。四川省依托森林资源，全面发展木本粮食、木本油料。

· 中共云南省委农村工作领导小组办公室、云南省林业和草原局等四部门印发了《云南省核桃产业高质量发展三年行动方案（2023—2025年）》。到2025年，核桃产业逐渐实现从"大"向"强"的转变，产业化水平大幅提高，产品加工能力和水平显著提升，产业集聚程度明显提高。核桃种植面积稳定在4300万亩左右，核桃干果年产量300万吨以上，核桃油产能10万吨以上，核桃全产业链产值达1000亿元以上，实现翻番，主产区农村人口年均从核桃产业中获得收入超过3000元。

· 甘肃省在《甘肃省木本油料产业高质量发展规划（2023—2025年）》中提出，推进核桃、花椒、油橄榄产业三年倍增行动。计划到2025年，全省核桃、花椒、油橄榄栽培面积分别达到613.9万亩、505.2万亩和110万亩，实现年综合产值244亿元。2024年，全省完成新建木本油料生产基地23万亩、低产低效园提质增效改造103万亩。

· 巫山县发布《巫山县核桃产业发展方案》《巫山县关于加快核桃产业发展的实施意见》，推进核桃产业发展。县林业局相关负责人介绍，全县新增林业经营主体50户，流转集体林地4.8万余亩，发展森林培育、林产品深精加工、林下经济、森林旅游康养等产业。其中通过"龙头企业+专业合作社+农户个体"的方式培育核桃面积达15万亩，2024年产值超2亿元。

二、领导关怀

·2024年6月16日，中国核桃产业提升工程（新疆）皮山项目启动仪式在皮山县成功举办。十四届全国政协委员，原国务院扶贫办党组书记、主任，中国乡村发展志愿服务促进会会长刘永富，新疆维吾尔自治区人大常委会党组成员、副主任迪力夏提·柯德尔汗，中国长江三峡集团有限公司总经理、党组副书记韩君出席启动仪式。

·2024年9月3—6日，中国乡村发展志愿服务促进会组织有关核桃专家、企业在云南楚雄、临沧、昆明等地开展核桃产业调研观摩活动，并召开核桃产业调研座谈会和产业工作组会议。此次调研活动由十四届全国政协委员、中国乡村发展志愿服务促进会会长刘永富带队，云南省农业农村厅党组成员、副厅长樊刚，二级巡视员晏铃，及相关州、市、县领导陪同。来自北京、河北、山西、四川、云南、陕西、甘肃、新疆等地近60名专家、企业代表和地方代表参加此次活动。

三、重要研究项目

（一）重大科技专项计划

·国家重点研发计划项目"主要木本油料树种产量与品质形成调控机制"。实施期限：2023—2028年。中央财政支持经费：1800万元。牵头单位：中国林业科学研究院林业研究所。

·云南省重大科技专项计划项目"核桃产业关键装备、制油工艺及蛋白高效利用系列产品研发"。实施期限：2024—2026年。云南省财政支持经费：1200万元。牵头单位：云南省林业和草原科学院。

·新疆维吾尔自治区重点研发任务专项项目"新疆核桃种质创新及生产关键设备研发与应用"。实施期限：2024—2026年，新疆维吾尔自治区财政支持经费：1000万元。牵头单位：新疆林业科学院。

·新疆维吾尔自治区重点研发任务专项项目"新疆核桃种质资源收集保

存、评价、挖掘与创新利用"。实施期限：2024—2026年。新疆维吾尔自治区财政支持经费：1000万元。牵头单位：新疆林业科学院。

· 新疆维吾尔自治区重点研发任务专项项目"核桃植株水分状态精准诊断及智慧用水系统研发与示范"。实施期限：2024—2026年。新疆维吾尔自治区财政支持经费：1000万元。牵头单位：新疆林业科学院。

· 新疆维吾尔自治区重点研发任务专项项目"核桃机械化关键技术研究与高性能装备研发"。实施期限：2024—2026年。新疆维吾尔自治区财政支持经费：1000万元。牵头单位：新疆大学。

· 新疆维吾尔自治区重大科技专项项目"新疆核桃油精深加工关键技术研究与应用"。实施期限：2023—2025年。新疆维吾尔自治区财政支持经费：2000万元。牵头单位：喀什光华现代农业有限公司。

· 新疆维吾尔自治区重点研发计划"新疆核桃精深加工产品关键技术研究与应用"。实施期限：2022—2025年。新疆维吾尔自治区财政支持经费：1000万元。牵头单位：和田惠农电子商务有限公司。

· 新疆维吾尔自治区重点研发计划项目"核桃腐烂病高效生防微生物制剂的研发"。实施期限：2022—2025年。新疆维吾尔自治区财政支持经费：490万元。牵头单位：新疆林科院经济林研究所。

（二）乡村振兴科技支撑计划

· 云南省乡村振兴科技支撑专项"云南省漾濞县核桃产业科技特派团"。实施期限：2022—2024年。云南省财政支持经费：200万元。牵头单位：云南省林业和草原科学院。

· 云南省乡村振兴科技支撑专项"云南省凤庆县核桃产业科技特派团"。实施期限：2022—2024年。云南省财政支持经费：200万元。牵头单位：云南农业大学。

· 云南省乡村振兴科技支撑专项"云南省永平县核桃产业科技特派团"。实施期限：2022—2024年。云南省财政支持经费：200万元。牵头单位：云南农业大学。

·云南省乡村振兴科技支撑专项"云南省景东县核桃产业科技特派团"。实施期限：2023—2025年。云南省财政支持经费：200万元。牵头单位：云南省林业和草原科学院。

（三）科技示范推广

·中央财政资金林业科技推广项目"漾濞山地核桃丰产稳产优质技术示范推广"。实施期限：2022—2024年。中央财政支持经费：100万元。牵头单位：云南省林业和草原科学院。

·中央财政资金林业科技推广项目"核桃疏密降冠技术推广示范"。实施期限：2022—2024年。中央财政支持经费：100万元。牵头单位：云南省林业和草原科学院。

·中央财政资金林业科技推广项目"高品质有机核桃栽培技术示范推广"。实施期限：2022—2024年。中央财政支持经费：100万元。牵头单位：云南省林业和草原科学院。

·云南省省级林草科技推广项目"泡核桃丰产栽培与林下复合经营技术示范推广"。实施期限：2022—2024年。云南省财政支持经费：100万元。牵头单位：云南林业职业技术学院。

（四）重要产业发展项目

·陇县省级林业草原改革发展资金核桃低效园提升改造项目。实施期限：2024年。陕西省财政支持经费：52.38万元。牵头单位：陇县果业服务中心。

·赫章县2024年省级林业草原改革发展资金核桃低产低效林改造项目。实施期限：2024年。贵州省财政支持经费：477万元。牵头单位：赫章县林业局。

·毕节市2024年核桃示范基地建设低产林改造项目。实施期限：2024年。贵州省财政支持经费：414.50万元。牵头单位：毕节市林业技术推广站。

四、重要成果

（一）国内外重要学术期刊论文

Mu Y T, Dong Y H, Li X C, et al. JrPHL8-JrWRKY4 JrSTH2L module regulates resistance to Colletotrichum gloeosporioides in walnut. Horticulture Research, 2024, 11: uhae148.

Zheng F L, Tan Z P, Zhang Y, et al. Enhancing walnut growth and drought tolerance through Serendipita indica: focus on mitochondrial antioxidant defense. Plant Growth Regulation, 2024,104: 1697–1706.

Li W W, Chen J Y, Li C X, et al. Combined transcriptional and metabolomic analysis of flavonoids in the regulation of female flower bud differentiation in Juglans sigillata Dode. Plant Physiology and Biochemistry, 2024, 217: 109288.

He Y, Chen S W, Li C H, et al. Walnut phosphatase 2A proteins interact with basic leucine zipper protein JrVIP1 to regulate osmotic stress response via calcium signaling. Forestry Research, 2024, 4: e016.

Wang G F, Yao Y T, Xu H F, et al. Transcription combined metabolic analysis reveals the mechanism of potassium phosphate enhances resistance to walnut anthracnose (Colletotrichum gloeosporioides). Postharvest Biology and Technology, 2024, 218: 113165.

Xu H F, Wang G F, Ji X Y, et al. JrATHB–12 mediates JrMYB113 and JrMYB27 to control the anthocyanin levels in different types of red walnut. Journal of Integrative Agriculture, 2024, 23 (8): 2649–2661.

瞿爽, 耿阳阳, 李锦, 等. 贵州20份泡核桃种质资源坚果品质性状的多变量分析[J]. 经济林研究, 2024, 42(4):224-238.

郭金鹏, 杨霞. 核桃青皮堆肥过程中理化性质及微生物群落的变化[J]. 经济林研究, 2024, 42(4):275-286.

刘枫, 贺有超, 张俊佩, 等. 植保无人机作业参数对雾滴在核桃冠层沉积分布的影响研究[J]. 中国果树, 2024, (12):102-106.

王佳华, 唐洋, 李坤, 等. 高温胁迫对苹果蠹蛾在苹果与核桃寄主转换适应性的影响[J]. 昆虫学报, 2024, 67(11):1503-1514.

王一峰, 宫峥嵘, 胡文斌, 等. 采收期对核桃贮藏期间内种皮褐变的影响

[J]. 经济林研究, 2024, 42(3):255-263.

郭桐, 阿地力·沙塔尔, 王世伟, 等. 核桃焦叶病诱导的形态响应[J]. 经济林研究, 2024, 42(3):188-196.

杨蕊, 张皓波, 龚加顺, 等. 外源褪黑素对青皮核桃品质及活性氧代谢的影响[J]. 食品科技, 2024, 49(10):23-30.

郑旭, 李敖, 姬新颖, 等. NaCl胁迫下'心文41号'核桃的生理响应及耐盐基因表达[J]. 林业科学研究, 2024, 37(5):105-115.

倪润欣, 宁仪杭, 王子玥, 等. 胡桃楸高质量中期染色体制片及rDNA的物理定位[J]. 林业科学, 2024, 60(10):50-55.

王新汇, 郭众仲, 鱼尚奇, 等. 肉桂酸和4-香豆酸对核桃硬壳发育及生理特征的影响[J]. 果树学报, 2024, 41(12):2486-2497.

玛丽艳姑丽·吐尔迪, 石凌旭, 康启航, 等. 核桃内生真菌多样性及核桃腐烂病生防菌株筛选[J]. 果树学报, 2024, 41(10):2079-2090.

梁志, 杨旭涛, 周溪, 等. 桃蛀螟在安徽省薄壳山核桃产区的发生规律及防控技术[J]. 植物保护学报, 2024, 51(4):979-980.

张艳梅, 郑梦杰, 杨士杰, 等. 山核桃根际解磷及水解复杂有机物细菌的分离[J]. 微生物学报, 2024, 64(10):3809-3824.

许同心, 彭刚, 覃恩利, 等. 核桃焦叶病不同防治方案效果研究[J]. 果树资源学报, 2024, 5(4):40-42.

徐丽, 巩芳娥, 虎云青, 等. '强特勒'脱青皮鲜核桃冻藏过程中品质的变化情况[J]. 中国油脂, 2024, 49(6):117-123.

姬新颖, 唐佳莉, 李敖, 等. NaCl胁迫对魁核桃幼苗生理生化指标及矿质元素分布的影响[J]. 植物生理学报, 2024, 60(6):1016-1026.

郑梦杰, 谢炜, 马行聪, 等. 山核桃根系分泌物对溶磷菌生长及活化土壤磷的影响[J]. 林业科学, 2024, 60(6):60-70.

朱振宝, 张芳, 段屹帆, 等. 美国红仁核桃及其油脂营养品质评价[J]. 中国粮油学报, 2024, 39(7):166-174.

唐佳莉,姬新颖,李敖,等.盐胁迫对核桃幼苗解剖结构和营养元素的影响[J].生态学报,2024,44(15):6795-6810.

叶博予,李雪芹,池艺,等.高温胁迫对山核桃光合作用和抗氧化系统的影响[J].分子植物育种,2024,22(12):4018-4024.

热萨莱提·伊敏,热阳古·阿布拉,买买提·吐尔逊.核壳磁性胡桃醌分子印迹聚合物对核桃青皮中目标分子的选择性富集[J].食品科学,2024,45(18):40-47.

魏宇婷,雷泽宇,严俊萧.基于OpenCV的核桃叶片褐斑病自动识别与面积量化方法研究[J].农业与技术,2024,44(7):48-52.

杨秀蓉,Mawuli Korsi Amenyogbe,王子翔,等.西藏加查13个核桃单株坚果品质评价分析[J].中国果树,2024,(4):76-82.

徐永青,陈丽华,袁紫倩,等.不同酸性改良措施对山核桃林地土壤pH和主要养分的影响[J].林业科技,2024,49(2):15-18.

安秀红,孙妍,王芳,等.河北省太行山区'辽宁1号'核桃叶片营养诊断技术研究[J].中国农业科学,2024,57(6):1153-1166.

忠梦,刘白宁,华威,等.不同包装核桃仁氧化机制分析[J].食品科学,2024,45(20):65-73.

李义霞,鱼尚奇,郭众仲,等.外源IAA对核桃内果皮生长发育的影响[J].果树学报,2024,41(5):941-955.

杨先裕,潘永柱,范芳娟,等.不同品种薄壳山核桃苗光合荧光特性比较分析[J].北方园艺,2024,(10):32-38.

徐田,耿树香.云南引种9个品种美国山核桃营养成分分析[J].中国油脂,2024,49(2):142-146.

唐佳莉,姬新颖,郑旭,等.盐胁迫下东部黑核桃生理生化与营养器官结构的动态响应[J].果树学报,2024,41(2):294-313.

孙娜.微生物发酵核桃粕在食品生产中的应用[J].食品工业,2024,45(8):152-156.

杞廷美，彭静娜，张月江，等. 核桃粕抗氧化肽的制备及对核桃油氧化稳定性的研究[J]. 中国粮油学报，2024，39(12):139-147.

鲁梦婷，赵钰，韩立群，等. 早实核桃种仁油脂积累过程中主要营养物质的变化[J]. 经济林研究，2024，42(1):48-56.

王亚萍，姚小华，曹永庆，等. 6种植物油料油脂的品质及氧化稳定性研究[J]. 中国油脂，2024，49(9):50-58，65.

朱振宝，段屹帆，张芳，等. 市售核桃油氯丙醇酯、缩水甘油酯和邻苯二甲酸酯污染水平及来源分析[J]. 中国油脂，2024，49(11):106-111.

刘战霞，李斌斌，赵月，等. 核桃蛋白/肉苁蓉多糖稳定白藜芦醇Pickering乳液的制备及其稳定性[J]. 食品科学，2024，45(23):2328-2334.

渠述贺，朱占江，毛吾兰，等. 核桃物料空气动力学特性研究与壳仁风选设备优化[J]. 中国油脂，2024，49(10):145-152.

徐静楠，刘国伟，王辉. 戊二醛改性核桃饼粕胶接体系的性能评估[J]. 中国油脂，2024，49(7):101-104.

赵茹，侯双迪，张琴，等. 1-甲基环丙烯结合壳聚糖涂膜处理对青皮核桃贮藏品质的影响[J]. 保鲜与加工，2024，24(10):27-33.

胡伯凯，张东亚，晏晔. 核桃雄花米酒发酵工艺优化及挥发性风味分析[J]. 中国酿造，2024，43(12):131-136.

任祥瑞，赵晓燕，刘红开，等. 不同离子对核桃蛋白结构及功能特性的影响[J]. 中国油脂，2024，49(12):20-26.

严茂林，付晓宇，陈畅，等. 大食物观下我国木本油料高质量发展的潜力挖掘、现实约束和对策建议[J]. 中国油脂，2024，49(6):11-17.

杨建斌，张慧. 地方特色产业发展分析及对策研究——以陕西山阳核桃为例[J]. 农业与技术，2025，45(4):161-164.

（二）授权专利

1. 发明专利

一种花青苷调控蛋白JrMYB114及应用（CN113024646B），专利权人：山东

省果树研究所

一种花青苷调控蛋白JrMYB10及应用（CN113024647B），专利权人：山东省果树研究所

基于无人机的深纹核桃果实采收方法（CN114868527B），专利权人：云南省林业和草原科学院

一种用于检测核桃抗黑斑病的SNP标记及其应用（CN116121420B），专利权人：四川农业大学

一种防治核桃焦叶病的方法（CN113179827B），专利权人：新疆林科院经济林研究所

一种核桃种植用一体收割机（CN115226490B），专利权人：山东省果树研究所

一种鉴别新疆'温185'薄皮鲜核桃的方法（CN114858937B），专利权人：新疆农业科学院农产品贮藏加工研究所

一种防控核桃焦叶症的土壤改良剂及其制备方法与应用（CN117925254B），专利权人：中国林业科学研究院林业研究所

一种核桃育种装置及方法（CN116584372B），专利权人：山西农业大学经济作物研究所

一种美国山核桃接种丽江块菌制备丽江块菌菌根苗的方法（CN117617056B），专利权人：中国科学院昆明植物研究所

一种美国山核桃接种云南硬皮马勃液体菌株制备菌根苗的方法（CN117678511B），专利权人：中国科学院昆明植物研究所

一种核桃树降高瘦身的方法（CN115868360B），专利权人：新疆农业科学院园艺作物研究所

一种山核桃寡核苷酸探针及其应用（CN115058531B），专利权人：浙江农林大学

一种提高核桃品质的土壤管理方法（CN114982548B），专利权人：河北省农林科学院昌黎果树研究所

一种核桃萃取物、制备方法及其应用(CN118543140B)，专利权人：云南邦纳科技有限公司

一种去皮核桃水煮烘烤生产设备(CN117562268B)，专利权人：福建傲顿科技有限公司

一种核桃粕蛋白活性肽及其应用(CN116396360B)，专利权人：昆明理工大学

一种入味核桃仁连续加工生产线(CN116326749B)，专利权人：烟台茂源食品机械制造有限公司

一种有机山核桃油及其生产方法(CN116606687B)，专利权人：山西中醯生物科技有限公司

一种变频变幅式核桃摇振采收车(CN113940195B)，专利权人：北京林业大学

核桃分选机及分选系统(CN113399259B)，专利权人：合肥泰禾智能科技集团股份有限公司

一种带皮核桃仁预处理方法及其制备的核桃乳和生产工艺(CN114903088B)，专利权人：河北养元智汇饮品股份有限公司

一种核桃生产加工用自动分拣装置(CN118455076B)，专利权人：陇南市武都区核桃产业开发中心

一种天然核桃乳及其制备方法(CN114468058B)，专利权人：河北养元智汇饮品股份有限公司

一种薄壳山核桃智能分拣包装设备及其工艺(CN118182979B)，专利权人：安徽省农业科学院农业工程研究所

一种风味高亚油酸核桃酱加工制备方法及其加工生产装置(CN117502621B)，专利权人：新疆农业科学院农产品贮藏加工研究所

采用热胀冷缩原理核桃仁与红衣的智能分离装置(CN108185450B)，专利权人：青岛理工大学

一种用于核桃表皮破碎分筛回收装置(CN114798156B)，专利权人：陇南

市经济林研究院核桃研究所

一种核桃壳仁分离器及分离方法（CN118235865B），专利权人：云南省林业和草原科学院

一种核桃切割装置及方法（CN118238198B），专利权人：云南省林业和草原科学院

一种核桃取油用节能型破碎设备（CN117816336B），专利权人：重庆南桐机械制造有限责任公司

一种核桃油压榨机（CN116476432B），专利权人：河北鼎康粮油有限公司

一种核桃破壳器及破壳方法（CN109620012B），专利权人：兰州理工大学

核桃树皮内生真菌Coprinellussp.YAFEF312分离及应用（CN118086076B），专利权人：云南林业职业技术学院

一种挤压式核桃壳仁分离设备（CN117837775B），专利权人：甘肃陇小南生态农业发展有限公司

一种核桃剥壳的机械手（CN108354191B），专利权人：华中农业大学

一种基于核桃废弃物的食用菌菌包制备方法（CN117814070B），专利权人：云南省林业和草原科学院

一种核桃油精制过滤装置（CN117258416B），专利权人：河北绿蕾农林科技有限公司

一种核桃青皮多酚提取物降脂的潜在标志物及代谢通路的获得方法（CN114428130B），专利权人：云南中医药大学

高效核桃破壳取仁壳仁分离自动化生产系统（CN108576844B），专利权人：青岛理工大学

2. 实用新型专利

一种核桃精油生产装置（CN222250651U），专利权人：商洛学院

核桃油离心分离装置（CN222267470U），专利权人：广元秦川印象生态农业开发有限公司

一种核桃蛋白生产核桃去皮装置（CN222217108U），专利权人：深圳光华

现代农业有限公司

一种核桃粉生产研磨分选装置（CN222197708U），专利权人：深圳光华现代农业有限公司

一种适用多钟地形的核桃种植挖坑设备（CN222193044U），专利权人：广元绿邦林业有限责任公司

一种核桃种植用剪枝机（CN222193220U），专利权人：云南云尚核桃产业有限公司

一种分级式核桃筛选设备（CN222132608U），专利权人：云南创升食品有限公司

一种核桃种植用的辅助机构（CN222128895U），专利权人：大姚丽珊农业开发有限公司

一种核桃种植用土壤湿度维持装置（CN222148545U），专利权人：会泽智森生物科技有限公司

一种核桃外部品质分选装置（CN222174961U），专利权人：新疆大学

一种核桃种植用除草装置（CN222170483U），专利权人：大姚欣杰食品有限公司

一种核桃青皮脱皮机（CN222109179U），专利权人：山西药科职业学院

一种核桃脱壳机（CN222109177U），专利权人：山西药科职业学院

核桃捡拾机（CN222108612U），专利权人：新疆农业科学院农业机械化研究所

一种核桃筛选机（CN222132666U），专利权人：大理荣漾核桃机械制造有限公司

一种核桃油的榨取装置（CN222024323U），专利权人：广元市荣生源食品有限公司

一种核桃脱壳机脱壳间隙调整装置（CN222031309U），专利权人：辽宁俏牌机械有限公司

一种核桃种植用剪枝装置（CN222030599U），专利权人：铜川市康源水业

有限公司

一种核桃种植设备（CN222030423U），专利权人：铜川和庆科工贸有限公司

一种振动离心式核桃壳仁分离装置（CN222035701U），专利权人：新疆大学

一种节水型核桃高效清洗机（CN222031318U），专利权人：云南云尚核桃产业有限公司

一种便于清理的核桃加工用破壳装置（CN222031307U），专利权人：云南云尚核桃产业有限公司

一种核桃种植的节水灌溉设备（CN222054131U），专利权人：云南紫江食品有限公司

一种基于振动的核桃裂纹扩展装置（CN221996720U），专利权人：西南林业大学

一种核桃饮品萃取装置（CN221996767U），专利权人：河北鸿金科技有限公司

一种核桃种植用幼苗扶持架（CN221996265U），专利权人：大姚丽珊农业开发有限公司

一种山核桃仁冷却筛分机构（CN222000708U），专利权人：安徽詹氏食品股份有限公司

一种均匀进料的山核桃仁调味拌料设备（CN221999526U），专利权人：安徽詹氏食品股份有限公司

一种核桃种植用除草施肥起垄装置（CN222017164U），专利权人：云南滇核农业有限公司

一种便于核桃果实收集的核桃采摘装置（CN222017251U），专利权人：云南滇核农业有限公司

一种核桃脱皮处理结构（CN221979976U），专利权人：成县宏远土特产品有限公司

一种用于核桃接穗劈接嫁接的装置（CN221948804U），专利权人：长江大学

一种核桃皮粉液氮低温速冻、研磨装置（CN221868769U），专利权人：深圳市大川流体控制技术有限公司

核桃仁脱涩装置（CN221864574U），专利权人：漳州卫生职业学院

一种核桃树嫁接剥刀（CN221863682U），专利权人：昌宁县亚鑫农副产品开发有限责任公司

一种适合核桃种植过程中预防虫害用的喷药装置（CN221813071U），专利权人：云南天奕农业发展有限公司

一种核桃青皮剥离清洗装置（CN221813139U），专利权人：新疆农业大学

一种核桃种植用节能高效采摘设备（CN221768773U），专利权人：西藏拓亨网络科技有限公司

一种核桃油压榨机（CN221623109U），专利权人：河北鼎康粮油有限公司

一种用于核桃采收的摇摆机构（CN221615603U），专利权人：大理荣漾核桃机械制造有限公司

一种核桃种植园灌溉装置（CN221634669U），专利权人：彭水县建远农业开发有限责任公司

一种核桃破壳设备（CN221634943U），专利权人：宝鸡市林业工作中心站

一种薄壳山核桃移栽用根系保护器（CN221576329U），专利权人：湖北省林业科学研究院

一种核桃油生产榨油装置（CN221588432U），专利权人：河南启亿粮油工程技术有限公司

一种核桃加工用青皮去除刷洗设备（CN221468961U），专利权人：安庆医药高等专科学校

一种核桃嫁接用固定夹（CN221468433U），专利权人：新疆喀什地区瓜果蔬菜产业发展中心

一种核桃仁保鲜装置（CN221488965U），专利权人：巴中宏源农林发展有

限公司

一种便于调节的核桃采收工具（CN221488397U），专利权人：新疆林科院经济林研究所

一种用于核桃加工的高效自动脱皮机（CN221430183U），专利权人：大姚欣杰食品有限公司

一种核桃加工用分级筛选装置（CN221433915U），专利权人：陕西供销兴茂科技有限公司

一种核桃种植用的育种装置（CN221429659U），专利权人：陇南红丰农业科技有限公司

核桃破壳装置（CN221382425U），专利权人：景东彝族自治县林业和草原技术推广中心

一种便携式核桃剥壳设备（CN221307108U），专利权人：河北师范大学

一种核桃去壳机构及装置（CN221330096U），专利权人：云南省林业和草原科学院

一种用于分离核桃壳与核桃仁的装置（CN221335447U），专利权人：云南省林业和草原科学院

一种核桃仁分级装置（CN221157725U），专利权人：宁夏永杰中药材种植有限公司

一种便于移栽的核桃苗种植装置（CN221082148U），专利权人：济南市林果技术推广和产业服务中心

（三）专著

中国核桃产业发展蓝皮书（2023）[M]. 北京：研究出版社，2024.

中国南疆核桃产业发展蓝皮书（2023）[M]. 北京：研究出版社，2024.

（四）国审核桃良种

'辽宁1号'核桃（国S-SV-JR-014-2024），辽宁省经济林研究所、中国林业科学研究院林业研究所选育。品种特性：树势强，丰产性很强，侧花芽比例95%，坚果壳面较光滑，平均坚果重9.4克，出仁率59.6%，核仁脂肪含量

68.0%。

'礼品2号'核桃（国S-SV-JR-013-2024），辽宁省经济林研究所、中国林业科学研究院林业研究所选育。品种特性：树势中庸，坚果壳面光滑美观，壳厚平均0.7毫米，取仁极容易，坚果平均重13.5克，出仁率67.4%，核仁脂肪含量68.6%。

（五）授权核桃新品种
'鲁康9号'，山东省果树研究所
'鲁康10号'，山东省果树研究所
'宣红'，云南省林业和草原科学院
'金钟晚'，云南省林业和草原科学院
'川核66'，四川省林科院
'辽宝焰'，辽宁省经济林研究所
'辽保丰'，辽宁省经济林研究所
'辽鲁丰'，辽宁省经济林研究所
'新核1号'，新疆农业科学院园艺作物研究所

（六）科技奖项
新疆核桃产业高质量发展关键技术创新与集成，新疆维吾尔自治区科学技术奖一等奖。完成单位：新疆林业科学院、阿克苏浙疆果业有限公司、新疆农业科学院园艺作物研究所、塔里木大学、济南大学、喀什地区林果产业工作站、和田地区林业和草原局。完成人：虎海防、马凯、赵文革、张锐、赵晓燕、孙雅丽、韩立群、宋卫、王宝庆、刘红开、赵钰、杜建。

六、主要荣誉

2024年1月2日，养元饮品（六个核桃）的"小核桃撑起大产业"荣膺"2024乡村振兴优秀案例"。

2024年8月19日，"成县核桃"入选2024年全国名特优新农产品名录。

2024年12月16日，洛南红仁核桃获得国家级气候好产品荣誉称号。

2024年12月19日，养元饮品（六个核桃）凭借其品牌价值上榜"全球软饮料品牌价值50强"。

七、重要活动

2024年8月6日，核桃与脑健康科学大会在北京召开，正式发布国内首部《核桃与脑健康科学》书籍，并举办"双百行动——核桃与脑健康校园科普活动"启动仪式。

2024年8月7—9日，由国家核桃油及核桃加工产业创新战略联盟、西昌市人民政府、凉山彝族自治州林业和草原局、西昌学院主办，四川凉山亿丰油脂有限公司、成凉工业园区管委会、凉山彝族自治州核桃产业协会、攀西特色作物研究与利用四川省重点实验室、西昌学院农业科学学院承办，《中国油脂》杂志社支持的国家核桃油及核桃加工产业创新战略联盟（以下简称联盟）第五届年会在凉山召开。

2024年9月28—30日，由核桃产业国家创新联盟主办，中共洛南县委、洛南县人民政府和浙江省山核桃产业协会承办的"2024年核桃产业国家创新联盟年会"在陕西省商洛市洛南县隆重召开。来自全国18个省、自治区、直辖市科研院所、大专院校和企业代表120名嘉宾与商洛当地核桃种植、加工、经销商等，就我国核桃产业最新科技成果、产业发展等进行了学术交流。

2024年10月22—24日，陇南市核桃产业链发展座谈会暨秋冬季综合管理培训会在成县召开。会议主要学习全国核桃产业发展新动态，研讨核桃产业链加工及绿色防控技术体系建设，全市八县区核桃中心负责人、核桃产业重点企业负责人、种植加工大户、合作社负责人、优秀乡土人才及成县林业和草原局技术干部等80余人参加。

2024年12月20—22日，由中国经济林协会主办的文玩核桃产业高质量发展研讨会（2024）暨中国经济林协会文玩核桃分会换届会在河北涞水举行。来自中国经济林协会、河北省林业和草原局、北京市农林科学院、河北农业大学、河北省果树学会、云南省林科院、河南省林科院、重庆市林科院、黑龙江省林科院牡丹江分院、山东省果树研究所、辽宁省经济林研究所、西北农林科技大学、北京林业大学、山西农业大学、北京市平谷区果品产业服务中心、赞皇县林业局，涞水县文玩核桃协会、易县核桃产业协会、涞水惠农麻核桃协会等政府分管部门、行业协会、高校和科研单位的代表以及种植、加工、销售等相关企业及种植大户代表约120人参加了本次会议。

参考文献

[1] 郭蔓莉、吴澎、赵路苹等：《核桃加工副产物的综合利用及精深加工》，《粮油食品科技》2018年第2期，第25—29页。

[2] 王强、陈永浩、安俊等：《中国核桃产业发展蓝皮书（2022）》，研究出版社2024年版。

[3] 王雅宁、夏君霞、齐兵等：《带皮核桃仁制备核桃乳去涩工艺优化及产品品质研究》，《中国食品添加剂》2023年第5期，第158—167页。

[4] 李溢真、陈勉、袁丹丹等：《核桃肽的制备、分离纯化及生物活性研究进展》，《食品与药品》2023年第25期，第267—272页。

[5] 梁丽、朱俊龙、刘国艳等：《一种枸杞风味核桃多肽乳的制备工艺研究》，《中国食品工业》2023年第22期，第90—96页。

[6] 马瑜：《燕麦核桃乳植物蛋白饮料的研发》，《食品安全导刊》2024年第36期，第117—119页。

[7] 曹卓：《温宿县核桃产业高质量发展研究》，塔里木大学，硕士学位论文，2023.6。

[8] 席婧、蒋志辉：《新疆地区核桃产业发展现状分析》，《现代园艺》2023年第2期，第38—40页。

[9] 国家林业和草原局：《中国林业和草原统计年鉴2023》，中国林业出版社2024年版。

[10] 吉洋洋、何爱民、赵端阳等：《发酵核桃乳工艺技术研究及产品开发》，《食品工程》2024年第1期，第18—21页。

[11] 王强、郭芹、张毅新等：《中国核桃产业发展蓝皮书（2023）》，研究出版社2024年版。

[12] 赵向豪、杨景淳：《新疆核桃产业集群发展策略研究》，《中国油脂》2024年第4期，第1—11页。

[13] 朱建宇、杨剀舟、王翔宇等：《核桃高值化加工工艺研究进展》，《中国油脂》2025年第3期，第1—20页。

[14] 赵晓华：《推进云南核桃产业高质量发展助力巩固脱贫攻坚成果的建议》，《基层农技推广》2024年第10期，第68—69页。

[15] 王瑞元：《核桃产业要为提高我国食用油的自给能力多做贡献》，《中国油脂》2024.9.23.

[16] 朱建朝、辛国：《鲜食核桃品种陇南15高效栽培技术》，《果树实用技术与信息》2024年第6期，第18—19页。

后　记

为贯彻落实党的二十大精神，全面推进乡村振兴，中国乡村发展志愿服务促进会（以下简称促进会）在农业农村部（国家乡村振兴局）及有关部委指导下，聚合社会力量，发挥组织协调对接功能，联合地方政府、科研院所、行业协会、龙头企业、金融机构等共同开展"乡村振兴特色优势产业培育工程"，遴选出核桃作为有特色、有发展空间、带富效果好的九大优势产业之一，开展促进帮扶，通过搭建政产学研用融合发展平台，实施以科技为引领、产业推动为前提、模式推广为载体、政策扶持为保障、与市场需求相结合的产业发展举措，有力助推核桃一二三产业融合发展，促进了地方核桃产业经济的可持续发展，为全面推进乡村振兴再立新功。

促进会组织编写《中国核桃产业发展蓝皮书（2024）》的目的是在2022年和2023年核桃产业蓝皮书基础上重点聚焦2024年我国核桃产业发展基本面以及外部环境变化、重点区域布局、典型企业创新、代表性产品创制等方面的成功经验和做法，有针对性地提出产业健康发展的方法与路径，旨在普及产业知识，反映产业发展最新动态，推广良种良法，介绍全产业链开发的经验做法，营造核桃产业发展的社会氛围，促进实现核桃产业高质量发展，为国家和各级政府决策咨询提供参考，在助推乡村振兴、保障国家粮油安全中发挥重要作用。

本蓝皮书是按照促进会的统一部署要求，由国际食品科学院院士、中国农业科学院农产品加工研究所王强研究员负责总体设计和方案撰写，全程指导撰写工作并对全书提出修改意见，郭芹、张毅新、张俊佩、齐建勋对本蓝皮书目录和章节分工进行细化并具体对接和推进，王强、齐建勋、张毅新、张俊佩、张跃进、郭芹、宁德鲁、陆斌、陈新负责章节统稿，王强负责全书统稿。本蓝皮书各章具体撰写人员如下：

绪　论

　　　　王　强（国际食品科学院院士、中国农业科学院农产品加工研究所研究员）

第一章　核桃产业发展基本情况

　　　　齐建勋（北京市农林科学院林业果树研究所副研究员）

　　　　陈永浩（北京市农林科学院林业果树研究所副研究员）

第二章　核桃产业发展外部环境

　　　　张毅新（中国粮油学会油脂分会副会长兼秘书长）

　　　　高　盼（武汉轻工大学副教授）

第三章　核桃产业发展重点区域

　　　　张俊佩（中国林业科学研究院林业研究所研究员）

　　　　蒋新正（陕西省林业产业协会高级工程师）

　　　　万雪琴（四川农业大学林学院教授）

　　　　田益玲（河北农业大学食品科技学院副教授）

　　　　邱政芳（河北省涉县林业和草原局，涉县林业技术推广站高级工程师）

第四章　核桃产业发展重点企业

　　　　张跃进（云南摩尔农庄生物科技开发有限公司董事长）

第五章　核桃产业发展的代表性产品

　　　　郭　芹（中国农业科学院农产品加工研究所研究员）

　　　　石爱民（中国农业科学院农产品加工研究所研究员）

　　　　段章群（国家粮食和物资储备局科学研究院副研究员）

　　　　田　洋（云南农业大学副校长）

　　　　王丰俊（北京林业大学教授）

第六章　核桃产业发展效益评价

　　　　宁德鲁（云南省林业和草原科学院研究员）

第七章　核桃产业发展趋势与对策

　　　　陆　斌（云南省林业和草原科学院研究员）

附　录　2024年核桃产业发展大事记

　　　　陈　新（山东省果树研究所研究员）

本书由编委会主任刘永富会长审核。在此，向参与本蓝皮书规划、编写、评审、出版，以及在撰写过程中给予帮助的各位领导、专家及企业家表示衷心的感谢！此外，中国出版集团研究出版社也对本书给予高度重视和热情支持，在时间紧、任务重、要求高的情况下为本书的出版付出大量的精力和心血，在此一并表示感谢！希望《中国核桃产业发展蓝皮书（2024）》的出版，让更多人了解和关注核桃产业发展，获得各级政府更多支持，吸引更多产业链企业完善核桃产业布局，协调科研和资本投入，促进核桃产业高质量发展。由于编写时间仓促，本书仍存在诸多不足，真诚欢迎社会各界领导、专家学者和广大读者批评指正。

本书编写组

2025年5月